도널드 트럼프만의 성공비법 5계명

DONALD TRUMP의
부와 명예 그리고 거짓

그웬다 블래어 지음 | 지병현 옮김

미래와경영

DONALD TRUMP, MASTER APPRENTICE
by Gwenda Blair

Copyright ⓒ 2000, 2005 by Gwenda Blair.
Korean translation copyright ⓒ 2009 by
Miraewakyungyoung Media Group.

이 책의 한국어 판 저작권은
대니홍 에이전시를 통한 저작권자와의 독점 계약으로 ㈜미래와경영에 있습니다.
신저작권법에 의해 한국 내에서 보호를 받는 저작물이므로
무단전재와 복제를 금합니다.

✤ 서문 ✤

어느 따스한 가을 오후, 세계에서 가장 유명한 사업가 한 사람이 높게 쌓아올려져 있는 남자 인형들 옆에 앉아 있었다. 그게 뉴욕 한복판이 아니라 아마존 정글이나 고대 중국에서 그렇게 하고 있었다면 꼭 악마를 내쫓기 위해 만들어 놓은 부적이거나 아니면 사후 세계에도 자기를 지켜달라고 만들어놓은 진시황의 토우 인형처럼 보일 수도 있는 모습이었다. 하지만 2004년 10월 지금 그 남자가 있는 곳은 뉴욕 한복판이었고 그의 이름은 도널드 트럼프 Donald Trump 였다. 도널드 트럼프는 자신을 본따 만든 말하는 인형의 판촉 행사장에 자리를 잡고 있었다.

억만장자인 도널드 트럼프의 외모를 최대한 살리기 위해 오므라진 입술과 짙은 눈썹을 하고 있었다. 그리고 가장 큰 특징인 대머리를 감추기 위해 한쪽으로 빗어넘긴 오렌지색 머릿결 대신 갈색 머리가 멋있게 자리잡고 있는 인형이었다.

그 인형의 이름은 '어프렌티스에서처럼 말하는 도널드 트럼프'로 단순한 장난감에 불구했지만 공전의 히트를 친 어프렌티스 Apprentice TV 프로그램에 푹 빠진 시청자들에게는 멘토의 말이 살아

움직이는 듯했다. 인형의 가슴을 누를 때마다 어프렌티스 프로그램에서 도널드 트럼프가 했던 말들이 그 목소리 그대로 나온다. "자존심을 지켜라", "크게 생각해라"처럼 도널드 트럼프가 어프렌티스 참가자들에게 일러주었던 충고의 말들이 들려나오는 것이다.

그렇다면 도널드 트럼프가 엄청난 성공을 이룰 수 있었던 비밀이 인형의 가슴을 누를 때마다 들려나오는 도널드의 말들 속에 다 있을까? 그렇지는 않다. 도널드 트럼프에게는 먼저 수많은 크고 작은 행운들이 있었는데 그 중에는 아버지가 부동산 갑부였다는 사실과 또 그 아버지가 정치권과 긴밀한 유대 관계를 가지고 있다는 점과 같은 큰 행운이 있었다. 그리고 독일에서 미국으로 건너온 할아버지가 성을 Drumpf에서 Trump로 바꾼 것도 작은 행운이었다고 할 수 있다.

그리고 또 다른 성공 요인은 도널드 트럼프의 평소 행동을 통해 알 수 있는 다음과 같은게 아닐까 싶다. "무슨 일이든 반드시 이겨라", "뻔뻔해지는 것에 인색하지 마라", "어떤 일이든 자기 자신을 홍보 수단으로 삼아라", "결과에 상관없이 이겼다고 우겨라" 그리고 무엇보다 "언제나 과대 포장을 해라". 도널드 트럼프가 부동산 사업을 할 때는 항상 "입지 조건, 입지 조건, 입지 조건"이라는 것을 되내이며 일했겠지만 또 한편으로는 마음속으로 주문을 외웠는지도 모른다. "과대 포장, 과대 포장, 과대 포장"

어쨌든 도널드 트럼프는 위와 같은 지침들을 충실히 이행한 결과 부와 명예 그리고 열렬히 그를 지지하는 팬들을 가질 수 있게되었다. 다시 판촉 행사장으로 돌아와 그 안을 보면 수백명의 사람들이 26.99 달러짜리 인형을 사서 평생 올까말까한 도널드 트럼프의 친필 사인을 받기 위해 줄을 길게 늘어서고 있었다. 그 사람들이 알고 있는 도널드 트럼프는 어프렌티스 프로그램에 나오는 것처럼 실수를 하면 불호령을 내리고, 미안해하는 모습은 전혀 없고 그리고 생사박탈권을 손에 쥔 전형적인 사장의 이미지였다. 하지만 그 사람들은 TV에 출연했던 도널드 트럼프가 실제로는 얼마나 굴곡진 삶을 살았는지 그 진실을 알고 있지는 못했다.

그리고 무엇보다 도널드 트럼프가 평생동안 어느 누군가의 수제자로 살아오면서 그 사람을 존경하고 때로는 반항을 하기도 하고,

가르침을 전수받고, 경쟁도 하면서 결국은 자신의 스승을 능가할 수 있었다는 사실은 알지 못한다.

지금으로부터 15년 전에도 도널드 트럼프는 맨하탄에 있는 한 장난감 가게에서 자신의 얼굴과 이름이 새겨진 보드 게임에 사인을 해주고 있었는데 그 때 멀리서 도널드의 스승은 걱정스러운 눈빛으로 그 모습을 지켜보고 있었다. 그 스승은 다름아닌 도널드 트럼프의 아버지 프레드 트럼프였다. 자신의 아들처럼 부동산 사업을 하고 있었고 또 자신의 아들처럼 갑부였다. 하지만 그 아버지는 중산층을 위한 일반 주택을 지어 돈을 벌었던 반면 그 아들은 최고급 아파트를 짓고 카지노를 운영하고 남의 돈을 끌어들여 사업을 늘려나가 결국은 세계에서 가장 유명한 사람 중 하나가 되었다. 또 아들은 언론의 시선을 받는 것을 즐겨했고 반대로 그의 스승인 아버지는 언론의 시선을 받는 것을 부담스러워 했다. 그리고 이 두 남자가 살았던 시대 또한 크게 다르다. 아버지는 2차 세계 대전과 냉전의 시대였던 20세기 중반에 사업을 펼쳤고 아들은 냉전이 끝나고 화해의 무드가 본격화 됐던 20세기 말에 사업을 펼쳤다.

그 수제자는 스승의 뜻을 거역하면서까지 벽돌로 된 고풍스러운 집을 헐고 그 위에 유리로 외관을 입힌 고층 건물을 지었고 결국 큰 성공을 거둔다. 그리고 또 한번 스승의 뜻을 거역하고 개인 보증을 서면서까지 10억 달러 가까이 대출을 받았을 때 이번에는 성공대신 파멸을 몰고온다. 스승이 장난감 가게에서 보드판 위에 사인을 해주던 수제자를 걱정스럽게 쳐다보고 있던 그로부터 정확히 1년 후 도널드의 제국은 위기에 빠진다.

하지만 다른 거물들과 다르게 도널드는 두 번씩이나 찾아온 위기를 그 때마다 극복하고 자신의 제국을 다시 건설한다. 비록 트럼프라는 이름이 들어간 건물마다 모두 실제 주인은 아니지만 대신 사람들에게 부와 명예의 화신으로 깊숙이 자리잡았다. 그리고 짙은 색 양복과 독특한 헤어스타일 그리고 세계에서 가장 환상적이고 놀랍고 믿기 힘든 일을 벌이는데 있어서만큼은 최고라는 이미지를 가진 걸어다니는 브랜드가 되었다.

그가 처음에 파산 위기를 맞았을 때 많은 사람들은 끝났다라고 말했지만 지금은 오히려 더 휘황찬란하게 살고 있는 것처럼 보인다. 어프렌티스 프로그램에 나오는 참가자들이나 그 프로그램을 보는 전세계의 수많은 시청자들에게 도널드 트럼프는 최고의 자리에서 거역할 수 없는 명령을 내리는 사람으로 보일 것이다. 하지만 도널드 트럼프가 위기 속에서 살아남아서 다시 자리를 잡을 수 있었던 이유는 바로 그의 뒤에 있는 한 사람의 스승 때문이었다. 즉, 도널드가 한 사람의 수제자였기 때문에 가능할 수 있었다.

그의 스승인 아버지의 생활 철학을 굳게 믿고 따랐기 때문이다.

"무슨 일이든 절대 포기하거나 물러서지 마라"

CONTENTS

- CHA. 01 태어나는 순간부터 경쟁에 익숙해지다_ 10
- CHA. 02 맨하탄 입성_ 38
- CHA. 03 낡은 벽돌을 걷어내고 통유리로 바꾸다_ 55
- CHA. 04 트럼프 타워_ 78
- CHA. 05 아틀랜틱 시티의 카지노_ 108
- CHA. 06 세상에서 가장 큰 빌딩을 짓고 싶다_ 137
- CHA. 07 중심을 잃고 휘청거리다_ 160
- CHA. 08 벼랑 끝에서 살아남다_ 197
- CHA. 09 Trump라는 브랜드_ 232
- CHA. 10 어프렌티스(Apprentice)_ 253

DONALD TRUMP

태어나는 순간부터 경쟁에 익숙해지다

CHA. 01

$$$

 Flag Day(미국 국기 제정의 날)를 기념하기 위해 수많은 성조기의 물결들이 출렁거리고 브라스 밴드와 보이스카웃 단원들이 도시 한복판의 번화가를 행진하고 있었던 1946년 6월 14일 도널드 트럼프가 태어났다.

 2차 세계대전이 끝나고 참전 군인들이 고향으로 돌아온 후 신생아 출생률이 폭발적으로 증가해서 수많은 아이들이 태어나기 시작했으며 나중에는 베이비 붐이라는 표현까지 생겨났다. 도널드 역시 그런 베이비 붐 세대의 일원이다.

 미국 역사상 인구 통계원을 가장 바쁘게 만들었던 시기였지만 그 때까지만 해도 자신들을 정신없이 바쁘게 만들었던 그 신생아들이 커서 미국 사회에 어느 정도까지 영향을 끼치

게 될지 몰랐을 것이다. 베이비 붐 세대였던 아이들에게는 다른 시대의 아이들과는 다른 뭔가 특별한 점이 있었던 것은 분명한 듯하다. 오랜 기간동안 수많은 젊은 남자들 대부분이 전쟁터로 내몰렸다가 전쟁이 끝나고 일시에 고향으로 돌아왔기 때문에 결혼과 출산이 한꺼번에 몰렸었다. 그래서 그 때 태어난 아이들 대부분은 첫 째 아이거나 아니면 윗 형제들과 터울이 많이 졌기 때문에 첫 째 아이 취급을 받으며 성장했다. 그래서 그 때 태어난 아이들 성격을 보면 대부분 자기 주장이 강하며 욕심이 많은 그런 아이들로 키워졌고 그로 인해 나중에 더 성공할 수 있었던 바탕이 되지 않았을까 싶다.

도널드 역시 첫 째같은 넷째로 태어나 자신감 넘치고, 소신있고, 적극적인 아이로 자라날 수 있는 환경을 가졌을지도 모르겠다. 도널드의 선천적인 성격이나 가족의 역할도 크게 작용했겠지만 베이비 붐 세대에 태어났던 아이들만이 누릴 수 있었던 특별한 환경도 그에 못지않게 그를 성공으로 이끌었던 요소였음은 분명하다.

도널드의 가족들

어쨌든 그 당시에 태어난 아이들은 시대를 잘 타고났다고 할까. 전쟁이 끝나고 미국은 순풍에 돛을 달고 나아가듯이 물가는 안정되고 디트로이트에 있던 자동차 공장들은 바쁘게 돌아갔으며 신용카드가 막 생겨나기 시작하려고 꿈틀거리고 있었다. 그리고 NBC 방송국에서는 최초로 매디슨 스퀘어 가든에서 열렸던 복싱 경기를 처음으로 생방송 중계를 했다.

아버지 프레드Fred와 어머니 메리Mary에게서 태어난 도널드에게는 아홉 살짜리 큰 누나인 매리앤Maryanne 그리고 일곱 살 먹은 둘째 형인 프레드 주니어Fred Jr.(일명 프레디)와 네 살짜리 작은 누나 엘리자베스Elizabeth가 있었고 가족들은 모두 뉴욕 퀸즈Queens에 있는 자메이카 이스테이트Jamaca Estates에서 살고 있었다. 그리고 얼마 후 부동산 관련 사업을 하고 있었던 그의 아버지가 직접 지은 멋진 집으로 이사를 하게된다.

빨간 벽돌로 된 콜로니얼 양식(colonial style – 19세기에 미국에서 발달한 건축 양식. 영국의 고전주의 건축을 받아들여 신대륙 취향의 실용성을 가미하였다)의 새 집은 굉장히 컸으며 현관까지 벽돌을 깔아 길을 꾸몄고 23개의 방과 9개의 화장실이 딸린 대저택이었다. 도날드보다 두 살 어렸던 동생인 로버트와 나머지 아이들이 맘껏 뛰어놀만큼 넓었고 가정부와 두 대나 되는 캐딜락 리무진을 관리하던 운전 기사를 위한 방까지 따로 있었다.

모두가 부러워할만큼 큰 부를 얻었음에도 도널드의 아버지 프레드는 일밖에 모르는 그런 사람이었다. 남들 같으면 그런 대저택에서 편안하게 살만도 할텐데 새벽에 출근해서 하루 종일 건설 현장을 돌아다니며 일에만 몰두해 있었고 그것도 모자라 그 당시에는 최첨단이었던 카폰까지 동원해 차안에서도 일을 할 정도였다. 그리고 밤늦은 시간 집에 돌아와서는 서재로 들어가 다시 전화를 붙잡고 계속적으로 일에만 매달렸다. 그렇게 일만 하다가 주말이 되면 쉴법도 한데 프레드는 절대 쉴 생각을 하지 않았고 평일과 좀 다른 점이 있었다면 자신의 아이들을 데리고 일터로 향했다는 점이다.

그의 큰 딸이자 도널드의 누나인 매리앤은 그 때를 회상하면서 "아버지는 언제나 새로 짓고 있는 건물이나 건설 현장을 둘러보는 일을 하루도 빼먹지 않았어요."라고 했다. 도널드의 동생인 로버트 역시 주말마다 아버지와 함께 건설 현장에 나가 옥상부터 지하 보일러실까지 꼼꼼히 살펴보던 아버지를 떠올리면서 "아버지가 토요일에 자신 있게 할 수 있는 일이라고는 그것밖에 없었던 것 같아요. 아버지는 항상 꼭대기층까지 엘리베이터를 타고 올라가 계단으로 걸어내려오곤 했어요. 아버지 때문에 현장 감독들까지 주말을 반납하고 현장에서 항상 대기하고 있어야 했지요."라고 말했다.

아버지 프레드의 성공은 단순히 부단한 노력의 결과뿐아니라 도널드의 할아버지에게 물려받은 타고난 사업가적 기질도 크게 한몫 했다고 볼 수 있다.

대공황으로 모두가 힘들어 하던 시절 도널드의 아버지가 운영하던 건설 업체 역시 부도를 면치못했으며 그로인해 프레드는 한동안 마트에서 관리자로 일을 하기도 했었다. 하지만 그것도 잠시뿐 얼마가지 않아 그는 가장 큰 부동산 개발 업자 중 한사람으로 우뚝 서게 된다. 소형 주택 건설 계획서를 들고 무작정 투자 은행을 찾아가 투자를 이끌어내 부의 기반을 만들어냈으며 나중에는 그런 배짱 넘치는 사업 수완으로 연방 주택 관리국에서 대규모 지원금을 받아내기도 했다.

프레드는 사회적으로 성공하기 위해서 어느정도 필수조건이라 볼 수 있는 언론 플레이에는 별다른 관심을 보이지도 않았고 또 여러 사람들 앞에 나서서 말하는 일에도 서툴렀다. 어떻게 보면 굉장히 큰 단점이기도 했지만 대신 도널드의 아버지는 항상 어디에서나 어떤 일에서나 하면 된다는 흔들림없는 믿음과 적극적인 사고방식으로 그 단점을 극복해냈고 자식들에게도 그런 마인드를 심어주기 위해 애를 썼다.

"노력만 한다면 안되는 일이 없다."라는 것이 프레드의 생활 신조였다라고 큰 딸인 매리앤은 얘기하고 있으며 절대 단 한번도 아버지의 생활 철학이 흔들리는 예외는 없었다고 했다. 심지어는 자신의 어머니가 응급실에 실려가 큰 수술을 받아야 했던 때도 아버지가 자신을 불러 "아무래도 네 엄마 상태가 별로 좋지 않은 것 같구나. 마음의 준비를 해야 될지도 모르겠다. 그래도 너무 걱정말고 일단 학교에 가서 공부를 하고 있어라. 무슨 일이 생기면 연락하마. 그러니까 평상시처럼 학교에 가거라."라고 얘기한 적이 있었다고 했다.

그런 도널드의 아버지와는 반대로 스코틀랜드 출신인 어머니 매리는 다른 사람들로부터 주목받는 것을 좋아해서 관심의 대상이 되는 걸 즐겨했다. 심지어 병들어 누워있을 때조차도 가족 행사를 거르지 않고 모두 모이게 해서 다른 식구들이 자신을 쳐다봐 주는 것을 좋아했다고 한다. 아마 도널드는 이런 면에서 그의 어머니에게 많은 영향을 받지 않았을까 싶다. 도널드 자신도 뒷날 그의 자서전에서 자신이 보여주는 쇼맨십의 상당 부분은 어머니에게서 물려받았다고 말했다.

도널드의 조부모는 원래 와인을 만드는 독일의 한 작은 시골 마을 출신이었으나 그의 할아버지가 시골 구석에서의 생활에 염증을 느껴 결국은 미국으로 이주를 하게 되었다. 1918년 스페인에서 발병해 전 세계적으로 5,000만 명 이상의 희생자를 냈던 인플루엔자 유행병에 의해 그의 할아버지가 세상을 떠난 후 할머니가 세 명의 자식들을 힘들게 홀로 키워 그 중 한명인 오늘의 트럼프 가문을 있게 한 도널드의 아버지를 길러냈다. 도널드의 할머니는 아무리 힘든 일을 할 때라도 흐트러짐없이 단정한 모습을 항상 보였다고 한다. 아마 여자 혼자 가정을 꾸려나가야 했기 때문에 다른 사람들 한

테는 그런 모습이 더 엄격하게 보였을지도 모르겠다. 심지어는 70대가 넘어서도 자신의 아들이 세운 빌딩 안에 있는 자동 세탁기 주위에 떨어진 동전을 주우러 다녔다고 한다.

그런 정신적인 사고방식과 태도들이 고스란히 그의 아들이자 도날드의 아버지인 프레드에게 이어져서 주말에도 편하게 집에서 목욕 가운을 입거나 슬리퍼를 신고 돌아다니는 것조차 끔찍히 싫어했다. 일을 마치고 집으로 돌아와서 아무리 피곤해도 샤워를 한 후에 셔츠에 넥타이를 매고 자켓을 입은 후 저녁을 먹었다.

도널드의 집안에는 엄격한 귀가 시간과 규칙들이 있었는데 그의 어릴적 친구들이 기억하는 것 중 하나는 집안에서 욕을 하면 그 자리에서 바로 엄청나게 혼나니까 조심하라고 했던 도널드의 경고였다. 또 집안에서 어떤 군것질거리도 먹지 못하게 했다고 한다. 도널드의 어머니는 그날 있었던 일들을 정리해서 누가 무슨 일을 했는지 남편에게 얘기를 했고 그말을 전해들은 도널도의 아버지는 그에 따른 상과 벌을 주었다고 한다. 나쁜 일을 했을 경우에는 며칠동안 외출 금지를 당하거나 때로는 나무 주걱으로 체벌을 당하기도 했다.

도널드의 부모님은 자식들이 올바른 인격체를 갖춘 성인으로 자라나기를 바랬고 그래서 교회에 나가서 신앙 생활을 열심히 하고 돈의 진정한 가치에 대해 올바른 신념을 심어주는데 주력했다. 돈이 인생에 있어서 중요하고 무엇보다 우선적으로 생각해야 하는 점에는 틀림없다 하더라도 절약하는 습관 또한 그에 못지않게 중요하다고 자식들에게 얘기했으며 심지어 밥먹을 때도 세계 곳곳에서 굶주리고 있는 아이들을 잊지 말아야 한다고 강조했다고 한다. 그래서 그런지 아버지가 지은 많은 건물들에서 도널드와 그의 형제들은 빈병을 주어 용돈을 마련했고 여름 방학에는 수많은 아르바이트를 했으며 비가 오나 눈이 오나 신문 배달하는 일을 빼먹지 않고 했다.

도널드의 가족들 사이에 형성되어있는 끈끈한 유대감은 어찌보면 이름을 물려받는 전통이 크게 한 몫했던 것 같다. 도널드 형제들의 이름을 보면 큰 누나는 어머니의 이름에서, 도널드의 형은 아버지 이름에서 그리고 도널드는 그의 삼촌 이름에서 따온 것을 알 수 있다. 그의 큰 누나인 매리앤이 첫아이를 낳았을 때도 아버지에게 이름을 무엇으로 하는게 좋을지를 물었을 때 그녀의 아버지는 "할머니 이름인 엘리자베스나 네 이름인 매리앤 둘 중 하나로 해"라고 했고 그 둘 중에서 하나를 고를 수 밖에 없었다고 회고했다. 그렇게 이름을 서로 물려받는 전통은 지금의 트럼프 가문을 존재케하는데 가장 크게 작용했던 요소임에 틀림없다.

도널드의 어린 시절

도널드의 아버지 프레드가 자메이카 이스테이트 지역에서 처음 건축 사업을 시작했을 때만해도 그곳은 중심가에서 멀리 떨어져 있었고 한적하고 조용한 동네였다. 가로등이나 신호등조차 없었을 정도로 말이다. 곳곳이 숲이 우거진 나대지 상태로 있는 미개발 지역이었는데 도널드가 태어나던 1946년 무렵 개발의 바람이 불면서 사립 학교도 들어서고 신호등도 생기기 시작했다. 그래도 이웃끼리 한 집안처럼 지냈고 아이들도 이웃 집을 자기 집처럼 생각하고 거리낌없이 드나들던 그런 동네였다.

술래잡기를 하면서 이집 저집을 뛰어다녀도 아무도 개의치 않았고 그런 분위기 속에서 도널드의 형제들도 이웃집 딸이었던 헤더와 가족처럼 지내며 놀았다. 헤더의 아버지는 보석 세공사 일을 은퇴하고 부동산 개발업에 뛰어들었던 사람이었는데 아이들을 위해 장난감 보트도 만들어주고 뒷 뜰에 커다란 그네를 만들어 아이들이 뛰어놀게끔 해주기도 했다. 그래서 여름내내 트럼프가의 형제들과 그 집 딸인 헤더는 그곳에서 그네를 타면서 놀곤 했다.

트럼프 가의 형제들은 그 집에서 종종 아침을 같이 먹기도 했고 아이들을 위해 항상 간식거리를 넉넉히 마련해놓기도 하고 아이들 또한 그 집 냉장고를 자기 집 냉장고처럼 생각하고 수시로 열어 먹을 것을 찾곤 했다고 한다. 아마 트럼프 가의 형제들은 자기 집에서는 결코 맛볼 수 없었던 그런 자유를 이웃집에서 만끽했을지도 모른다. 도널드의 집에는 애완 동물도 없었기 때문에 이웃 집에 있던 고양이와 토끼들을 특히 좋아했으며 도널드는 다른 형제와 달리 특별하게 장난감 차를 좋아했다고 한다.

도널드에게 있어 가장 가까운 놀이 친구는 그의 동생 로버트였다. 이웃에 살던 헤더의 집에서 놀거나 아니면 방에서 장난감 기차나 조립 완구를 가지고 주로 놀았는데 그렇게 둘이 친하게 지내면서 장난감으로 집을 짓는 블록놀이가 도널드와 로버트의 앞날에도 적지 않은 영향을 끼쳤던 것 같다.

도널드가 다섯 살 나던 해에 사립 학교에 들어갔으며 그곳은 전통을 중요시 하고 엄격한 학교로 교복을 입고 아침마다 찬송가를 불러야 했던 곳이었다. 트럼프 가의 형제들은 자신들의 아버지가 얼마나 성공했는지 그래서 기사 딸린 리무진 차와 길거리 광고판 곳곳에 자신들의 아버지 회사 이름이 나오는게 성확히 무엇을 의미하는지 몰랐을 것이다. 하지만 같이 살던 동네 친구들과 서서히 멀어지게 되어야 한다는 사실이 피부로 와닿기 시작했다. 도널드가 다녔던 초등학교는 부자집 아이들이 많았으며 그 중에서 도널드와 오랜 시간 가장 친한 친구였던 피터 역시 부자 아버지를 둔 학생이었다.

 키도 작고 마른 몸에 머릿결도 검은 색이었던 피터는 외모상으로 도널드와 완전 딴판이었음에도 그 둘은 찰떡 궁합처럼 학창 시절을 보냈다. 둘 다 성적은 고만고만 했지만 운동에 있어서 만큼은 타의 추종을 불허할 정도로 잘해서 모든 운동 경기에서 메달과 트로피를 타오는 게 일과가 되었다.
 둘 다 부러워할 게 없을 정도의 부자집 아들이었지만 그 당시 사회적 분위기에 따라 부자인 것을 크게 드러내놓지 않고 겸손하게 지냈으며 신문 배달이나 빈병을 주워 팔면서 용돈을 직접 버는 일을 하기도 했다. 한번은 둘 다 28달러짜리 야구 글로브를 갖고 싶어 했는데 두 사람 모두 집에 얘기해서 사달라고 말하는 것은 꿈조차 꿀 수 없었기에 직접 벌어서 살 수 밖에 없었다고 한다. 그 당시 28달러는 어마어마한 돈이었다.
 두 친구는 어떤 면에서는 서로에게 최고의 경쟁자의 모습을 띄기도 했는데 때로는 비웃는 듯한 장난 말이나 냉소적인 말들을 퍼부어가며 친구들에게 주목을 받기도 하고 선생님들을 화나게 만들기도 했다. 다른 친구들이 학칙에 따라 행동할 때 그 둘은 자신들만의 규칙을 만들어 지내는 것 같아 보였다고 주위 친구들은 얘기한다. 특히 도널드는 매우 영리해서 벌 받지 않고 빠져나갈 수 있는 구멍을 만드는데 남다른 재주가 있었다고도 한다.

둘이 7학년 무렵에는 머리를 스포츠형으로 깎고, 베기 팬츠를 입고, 특이한 부츠를 신고 다녔었다. 또한 그 나이 또래가 되면 남자 아이와 여자 아이들이 서로 어울려 파티를 하면서 엘비스 프레슬리 Elvis Presley와 척베리Chuck Berrry 음악을 들으며 춤을 추며 노는게 보통이었다. 하지만 그 두 친구는 또래의 남자 아이들처럼 여자 아이들에게 잘보이려고 하는 것보다 맨하탄에 있는 마술 용품점에 가서 악취를 내며 터지는 장난감 폭탄을 사거나 고춧가루 껌처럼 아이들을 놀려줄 것들을 사는데 빠져 있었다. 그러던 중 두 친구가 한번은 스위스 칼을 사서 놀다가 부모들에게 들키게 되었고 그로 인해 도널드의 아버지는 자기 자식이 학교나 교회의 주일학교에서 저질렀던 일들에 대해 모두 알게 되었고 더 이상 그냥 두면 안되겠다고 생각을 했다.

트럼프 가의 형제들은 여름 방학 캠프에 들어가 8주 동안의 생활을 해야만 했는데 단복을 입고 여자와 남자 아이들이 서로 엄격히 분리되어 지내야 했던 캠프 생활을 해야했다. 그곳은 자신들의 침구 정리는 물론이거니와 밤에는 보초를 서야만 했고 하루 종일 운동이나 그밖의 단체 활동을 해야 했기에 딴 짓을 할 생각은 꿈도 꿀 수 없는 곳이었다. 거기다가 각각의 막사에 배치된 감독관들은 아이들이 하루 종일 어떤 일을 하고 무엇을 먹고 양치질은 제 때 했는지 심지어 용변은 어떻게 보고 있는지까지 상세히 기록하고 있었다. 하지만 그렇게 엄격한 상황에서도 항상 튀는 아이들이 있듯이 도널드의 형인 프레디는 다른 아이들을 꼬드겨 규칙을 어기게 만들고 그로인해 어떤 일들이 벌어지는지를 즐겨보고는 했다. 그러다가 한번은 한밤중에 근처 마을로 내려가서 놀고 돌아오다가 재수없게 캠프 소장에게 들켜서 회초리를 맞는 중벌을 받기도 했다고 한다.

도널드 역시 다른 아이들처럼 이런 캠프 생활을 지루해 했는데 자신의 형이 겪었던 경험을 참고해서 형처럼 무모하게 밖에 나가 놀다가 걸려서 매를 맞기보다는 캠프를 벗어나지 않고 그 안에서 할 수 있는 일들에 대해 최대한 머리를 쥐어짜냈다. 그 당시 캠프 관계자들의 말에 따르면 도널드는 고집이 세고 틈만 나면 캠프 활동에서 열외되고 싶어 온갖 수를 썼던 아이였다고 한다.

뉴욕 군사학교에 들어가다

1959년 도널드가 13살 때 웨스트포인트(West Point, 미국 육군 사관학교) 근처에 있던 뉴욕 군사 학교(New York Military Academy, NYMA에 들어가게 된다. 입학과 동시에 생도들은 엄격한 교육속에서 경례하는 법과 우향우, 좌향좌하는 법 등의 제식 훈련을 받아야 했다. 그뿐만 아니라 기본적인 생활 예절과 이불 개는 법, 사물함 정리하는 법까지 엄격히 통제되어 성인들의 군대 생활이나 다름없이 지내야 했다. 매일 아침 기상 나팔 소리에 맞춰 동이 트기도 전에 일어나야 하고 제복을 단정히 입고 식사 시간, 기도 시간, 수업 시간 등에 갈 때는 항상 대오를 맞춰 걸어가야 했다. 주말에는 방을 청소하고 벨트 버클이나 구두를 깨끗이 닦아야 했다.

어린 아이들이 집에서 멀리 떨어져 나와 혼자 생활해야 한다는 것도 힘든데 누군가 계속 옆에서 이렇게 해라, 저렇게 해야된다라고 잔소리를 늘어놓으면 분명 힘든일이다. 그래서 매일 엄격한 통제 속에서 지내야 하는게 너무 힘들어 우는 아이들도 종종 있었고 견디다 못해 짐을 싸서 집으로 돌아가는 아이들도 심심치 않게 눈에 띄었다.

그렇다고 모두가 슬픈 현실을 맞이한 채 쓸쓸히 집으로 돌아가는 모습을 보이지는 않았다. 정신없이 몇 주를 보내고 나면 생도들은 학교 생활에 적응하기 시작하면서 누가 방을 제일 깨끗이 정리하는지 혹은 복장을 완벽히 갖춰입는지 등을 가지고 경쟁을 하기 시작한다. 시간이 지나면 대부분 그곳 생활에 익숙해지기 마련이다. 도널드가 다녔던 군사학교는 한마디로 조직 생활을 배우고 성장해서도 기본적인 생활 습관들의 틀을 유지한채 살아갈 수 있도록 새로운 인격체를 만들어내는 곳이라고 볼 수 있다.

다른 아이들과 달리 도널드는 처음부터 그 곳 생활에 만족해했는데 남다른 승부욕과 새로운 환경에 대한 빠른 적응력이 도움이 되었던 것 같다. 특히 기하학과 체육 시간에 월등한 점수를 받았다. 그런 모든 것들이 그곳에서 그를 스타로 만들기에 충분했다. 꼭 이겨야 할 곳에서는 반드시 이기고 마는 그의 성격이 발휘되기 시작했던 때이기도 하다.

유별난 아이

특별히 여자 친구와 교제한 경험이 없음에도 불구하고 도널드는 반 친구들에게 바람기가 가장 많아 보일 것같은 남자로 뽑히기도 했지만 가깝게 지내는 친구는 없었다. 뉴욕 군사 학교에서 룸메이트였던 친구의 말에 의하면 도널드는 승부욕이 너무 강해서 다른 친구를 대할 때면 먼저 경계심을 드러내면서 자기에게 가깝게 다가오는 것을 꺼려했던 것같다고 한다.

그나마 가깝게 지냈던 한 선생님의 말에 따르면 도널드는 다른 학생과 달리 배우려는 의지가 상당히 강해 야구 시간에 공을 정확히 못던진다고 혼내면 밤새 연습해서 다음 시간에는 제대로 된 모습을 보이던 스타일의 학생이었다고 회상했다. 자만심으로 똘똘뭉

친 학생이면서도 다른 사람의 말에 귀를 기울이기도 했다고 한다.

도널드의 부모는 거의 매주마다 주말에 아들을 보기 위해 찾아 갔는데 차츰 도널드가 변해가기 시작했다는 것을 알았다. 특히 도널드의 어머니는 도널드를 군사 학교에 보낸 일이 너무 훌륭한 선택이었다고 회상하면서 막내인 로버트도 보냈어야 하는데 너무 예민한 성격이라 그러지 못했다고 안타까워했다. 동생 로버트와 달리 도널드는 향수병이라는 단어와는 너무나도 안어울리는 타입으로 설령 그런 감정을 느꼈다 하더라도 그 학교를 떠나 집으로 돌아오는 일은 절대 없을 것처럼 보였다고 했다.

반 친구들이 자신의 미래에 대해 생각조차 못하고 있을 때 도널드는 틈틈이 일광욕을 하면서 미래에 대한 구체적인 계획을 세우고 있었을지도 모른다. 모르긴 몰라도 자신의 아버지 재산이 어림잡아 3천만 달러에 이르고 그것도 매년 증가하고 있다는 사실에 대해 겉으로 드러내지는 않았지만 도널드에게는 구체적인 계획을 세울 수 있는 바탕이 되었을지도 모른다. 친구들에게 종종 아버지가 하는 사업에 대해 얘기를 했고 그런 얘기들을 들은 친구들은 도닐드가 아버지를 자신의 롤모델로 삼아 더 큰 성공을 위해 나아가려는 것처럼 보였다고 했다.

사실 도널드는 어렸을 때부터 아버지의 수제자로 자라왔다. 일

찍부터 아버지를 따라 건설 현장에 다니면서 아버지가 인부들에게 무슨 말을 하고 어떻게 관리하는지를 보고 배웠다. 그리고 좀 더 커서는 직접 현장에 나가 일하는 경험을 하면서 자신의 손으로 건설 공구들을 기름칠하고 고치면서 스스로를 뿌듯해 했다고 한다. 그리고 나중에 그의 아버지가 벌였던 가장 큰 공사 현장에서는 심부름꾼 노릇을 하며 수백 명의 공사장 인부들을 적재적소에 어떻게 배치시켜야 일이 원활하게 돌아가게 되는지를 경험하기도 했다. 차를 타고 가는 중에도, 커피를 마시면서도 하루 종일 메모장과 서류 뭉치를 들고 일에 매달렸던 아버지 옆에서 일을 보고 배웠다.

대학 캠퍼스에서의 도널드

도널드는 뉴욕 브롱크스에 위치한 포댐Fordham 대학교 경영학부에 입학했는데 그곳은 집에서 멀리 떨어지지 않은 곳에 자리잡고 있었다. 도널드는 부모님과 가깝게 지내고 싶어서 그 학교를 택했다고 했지만 그의 누나는 선택의 여지가 별로 없어서 들어간 것이라고 말했다.

이유야 어찌되었든 도널드는 군사 학교에서 몸에 밴 절도있는 생활 습관과 빨간 스포츠카에 비싼 옷을 걸치고 다니는 부잣집 아들의 모습을 띠고 있었기 때문에 어떻게 보면 일반 대학생과는 거리가 멀어보였다. 또한 그 시대에는 담배를 피는게 지성의 상징이자 구속에서 벗어나 자유를 누리는 모습을 대변하는 것처럼 여겨졌지만 도널드는 담배를 피우지 않았다. 또 학교 생활에서 음주 문화를 빼면 안될만큼 깊게 자리잡고 있었지만 도널드는 술도 마시지 않았다.

학교 스쿼시 팀의 일원이기도 했던 그는 다른 선수들은 툭하면 지각을 하거나 시합에 졌다고 온갖 난리를 칠 때도 지각한번 하지 않았고 어떤 경우에도 냉정함을 잃지 않았다. 같은 운동부원이었던 친구들은 그 당시 도널드를 회상하면서 자기들과는 차원이 다르게 엄격한 가문에서 자라서 그런지 몰라도 신사와 같은 품위가 있고 예의 바른 태도를 지녔었다고 말했다.

스쿼시는 도널드에게 새로운 흥밋거리였고 그래서 굉장히 열심히 했었다. 매일 오후에 그의 친구들이 성가셔할 정도로 연습을 하러가자고 성화를 했고 시합을 하러 가는 날이면 마치 외출금지가 풀리는 날의 아이들처럼 들떠있었다고 한다. 그리고 가끔 친구 선수들과 늦은 밤에 여자를 꼬시기 위해 파티에 참석하기도 했는데 가끔은 친구들 모두 여자들에게 시선을 끌고 싶어 좀 들떨어져 보이는 바보처럼 행동을 하거나 부끄럼쟁이 혹은 술에 취한 듯한 연기를 하면서 여자에게 접근을 하기도 했었다고 한다. 그럴 때마다 친구들과 다르게 여자들의 시선을 쉽게 끄는 도널드를 보면서 임기응변의 재치가 뛰어난거 같았다고 회상하기도 했다.

때때로 그런 임기응변에 대한 재주나 즉흥적인 행동들을 쉽게 볼 수 있었는데 스쿼시 연습 중에 갑자기 벤치에 신문이 놓여져 있는 것을 보고는 신문을 집어들고 앉아서 신문을 읽는 엉뚱한 행동을 하기도 했다. 또 친구들과 함께 워싱턴을 가다 갑자기 차에서 내려 새로 산 골프채를 테스트해 봐야겠다고 하면서 한치의 망설임도 없이 포토맥Potomac 강을 향해 한 박스의 골프공을 날린 적도 있었는데 그 자리에 같이 있던 친구들은 아직도 그 일이 인상깊게 남아 있다고 했다.

대학교에 입학한지 얼마 안되 그의 인생에 있어 새로운 전환점이 될만한 중요한 순간을 맞이하게 된다. 1964년 비가 내리고 약간 쌀쌀한 날씨의 11월에 Verrazano-Narrows Bridge(브루클린의 포트 해밀튼과 스테이튼 섬을 잇는 뉴욕의 교량으로 세계에서 제일 길고 가장 높은 현수교)의 착공식에 아버지와 함께 참석하게 되는 기회를 가진다. 그곳에서 그는 뉴욕시 시 기획 건축 행정가였던 로버트 모제스Robert Moses와 같은 공무원이나 정치인들만이 박수를 받고 실제 그 다리를 설계했던 스위스 이민자 출신인 85세의 오트마 암만Othmar Hermann Ammann은 구석 자리에 쓸쓸히 그리고 초라하게 앉아 있는 모습을 보면서 그의 인생에 있어 절대 잊지 못할 교훈을 얻게 된다.

"나는 절대 다른 사람의 생색거리용 도구로 살아가지는 않을 것이다."

대학교 2학년이 끝나갈 무렵에 도날드는 학교를 옮길 준비를 했는데 건설 사업에 대해 흥미를 느껴서 펜실베니아 대학의 와튼 스쿨에 입학을 한다. 그 당시 베트남 참전 반대 여론으로 들끓고있던 일반적인 캠퍼스의 분위기와 다르게 와튼 스쿨은 평상시와 똑같이 정장 차림으로 수업에 들어가고 ROTC들은 군복을 입은 채 어떤 방해도 받지 않고 학교 안을 편하게 돌아다닐 수 있었다.

도널드는 반체제 문화에 빠져들지도 않았지만 그렇다고 학교 내에서 가장 고지식한 범생이들인 와튼의 학생들과도 어울리지 않았다. 그렇다고 운동에는 젬병인 학생들과 어울려야 한다는 사실에 개의치도 않았고 전에 다니던 학교보다 친구가 더 없다는 사실에 대해서도 크게 신경쓰지 않았던 것 같았다. 오로지 와튼에는 다른 학교에는 흔치 않았던 부동산 개발 과가 있다는 것 하나만이 그에게 있어 유일한 관심거리였다. 도널드의 형 프레디는 와튼 스쿨에 들어가는 것이 아버지의 후계자가 되기 위해 가장 최선의 선택이라는 사실을 알고 있었지만 불행히도 입학 허가를 받지는 못했다. 그런 형의 전철을 밟지 않으려고 도널드는 곧바로 와튼에 들어가려고 하지 않고 대신 포댐 대학에서 2년의 과정을 마친 후 때마침 와튼에서 입학 사정 담당자로 있던 형의 고등학교 친구와 면접을 보고 부동산 개발 학과에 들어갈 수 있었다.

  나중에 도널드는 아버지가 학점을 모두 이수하고 무사히 졸업하기만을 너무 간절히 원했기 때문에 그 때는 공부에 매달릴 수 밖에 없었다고 말했다. 그곳의 학생들 대부분은 내놓으라 하는 재계의 자식들이었기에 대출과 회계, 금융에 대해 공부를 했으며 아마 그 때가 도널드가 처음으로 공부라는 것을 제대로 해본 때였을지도 모른다.

  투표권을 가진 성인이 되기도 전인 어린 나이에 도널드 트럼프는 그의 인생에 있어서 가장 중요한 경쟁에서 승리자가 되었을지도 모른다. 도널드가 군사 학교에 있을 때 여섯 살 많은 그의 형으로부터 가문의 사업을 물려받는 것보다는 파일럿이 되고싶다는 말을 듣게 된다. 그것은 도널드도 어쩔 수 없었던 형이라는 장애물이 사라진다는 것을 의미했으며 후계자의 자리에 한발 더 가깝게 다가설 수 있다는 가능성을 알리는 서막이었다. 고등학교를 졸업하기도 전에 그의 인생에 있어 가장 힘들고 어려운 장애물이 걷히면서 최고의 자리에 올라갈 일만 남았다는 것을 의미하기도 했다.

  도널드의 큰 누나는 처음부터 후계자의 자리와는 상관없었으며 그의 형인 프레디만이 후계자 수업을 받을 수 있는 자리에 있었다. 그런데 문제는 프레디는 그런 자리에 어울리지 않았다는 점이었다. 금발에 삐쩍 마르고 예민한 성격이었고 몸을 한시라도 가만두지 못하는 어떻게 보면 산만해 보이는 아이었다. 앉아있을 때도 다리를 떨거나 의자를 흔들고 전기에 감전된 듯이 계속 몸을 떠는 습관을 가지고 있었다. 아마 현재의 사회적 분위기였다면 주의력결핍장애 판정을 받고도 남았을 것이다.

아버지의 눈 밖에 난 형을 보면서

프레디는 나이 차이가 거의 나지 않는 누나와 가장 가깝게 지냈는데 그런 누나와 장난을 하면서도 여자인 누나에게도 지는 일이 흔했다. 물론 누나가 나이 어린 동생에게 이기는 게 별 문제아니라고 넘어갈 수도 있겠지만 나이 차이도 별로 나지 않는 누나에게 거의 매일 지는 남자라면 뭔가 문제가 있어보이긴 했다. 아버지나 동생인 도널드처럼 프레디 역시 승부욕이 넘치긴 했지만 그들처럼 자신이 바라는 것을 손에 넣을 수 있게 전략적인 기지를 발휘하거나 남다른 특별한 기술이 있어보이지는 않았다.

그렇다고 누나처럼 똑똑하지도 않았고 다른 아이들보다 어떤 면에서는 좀 떨어져 보이기도 했다고 한다. 대신 프레디에게는 남다른 유머감각이 있어서 말장난으로 어떤 사람이든 웃게 만드는 재주가 있었는데 하지만 그런 것은 일반적인 어린 아이들에게나 어울리는 것이었지 리더와 승자의 모습을 가진 장남이 되기를 바라는 그의 집안에서는 환영받지 못하는 것들이었다. 그의 아버지는 언제 어디서나 이기는 강한 자식을 바랬지 그런 우스갯 소리를 잘하는 아들의 모습을 보고 싶어하지는 않았다.

운동을 잘하지도 못하고 그렇다고 공부에 관심이 있지도 않았지만 그나마 조금 남아있던 공부에 대한 미련은 대학 진학을 위한 특별 예비 학교에 들어가면서 서서히 사라지기 시작했다. 매일마다 같은 기차를 타고 등하교를 하는 아이들과 친해지면서 피자와 콜라로 시작된 친구들 간의 우정은 시간이 지나면서 담배와 술로 발전했고 방안에 죽치고 앉아 시간만 떼우거나 때론 밴드를 결성해 연주를 하기도 하고 날씨가 좋은 날에는 자신의 모터보트에 친구들을 태우고 놀러다니기에 바빴다.

프레디는 친구들한테 아버지는 잔소리가 심한 노가다 사업가라고 말하면서 언젠가는 자신이 그 사업을 물려받을 것이라고 큰소리를 쳤다고 한다. 하지만 그런 소리를 듣고 있던 친구들조차도 그렇게 큰소리를 치는 프레디의 얼굴 한편에는 아버지의 사업을 물려받게 되면 잘 할 수 있을까라는 걱정과 근심이 가득차 보였다고 한다. 아버지를 위해 거친 싸움꾼의 모습을 보이고 싶어하기도 했지만 프레디는 절대 남한테 시비 한번 걸지 못하는 얌전한 모습만 가지고 있는 착한 아이였다.

프레디의 소원은 자신에게 강인한 모습이 있었으면 좋겠다는 것이었고 그것은 동시에 아버지의 바람이기도 했다. 그런 아버지의 바램은 프레디에게 계속 큰 부담으로 남게 되었다. 한 번은 아이비리그에 있는 학교에 가서 인문학을 전공하고 싶다고 했다가 아버지에게 불같은 꾸중과 호된 질책을 받아야 했는데 MIT에서 정교수로 재직하고 있는 삼촌이 얼마나 쥐꼬리만한 월급을 타고 있는지에 대해 구구절절 잔소리를 들어야 했다고 한다. 아버지로서 자식에게 거는 기대가 너무 컸었기에 그나마 프레디에게 숨겨져 있을지도 모르는 승부사적 기질을 기대했다. 하지만 전혀 엉뚱한 공부를 하게 되면 완전한 겁쟁이로 변해 갈지도 모른다고 걱정했던 것 같기도 했다.

결과적으로 와튼 뿐만 아니라 아이비리그에서도 입학 허가를 받지 못해 결국은 리하이 대학교Lehigh University에 들어가게 되었다. 그리고 공군 ROTC가 되어 파일럿이 되는 꿈을 꾸기 시작한다. 하지만 1958년 졸업과 동시에 결국은 아버지의 회사에 들어가 비서 업무를 보기 시작했고 예정된대로 후계자 수업을 본격적으로 받기 시작했고 그 후 몇 년은 프레디도 최선을 다하는 모습을 보였다.

프레디도 나름대로 열심히 하려고 했지만 어쩔 수 없는 한계가 보이기 시작한다. 프레디가 사소한 실수를 하기라도 하는 날에는 아버지가 여러 사람이 보는 앞에서 호되게 야단을 쳤으며 반대로 실수없이 일을 깔끔히 잘 마무리하면 그것에 대해 아무런 칭찬도 없이 당연하다는 듯이 넘겼다. 오죽하면 큰 딸이 아버지에게 왜 자꾸 그러냐고 물어봤더니 일을 잘하는 것은 당연한 것이지 칭찬받을 일이 아니라고 했다고 한다. 그 말은 곧 자신의 후계자라고 생각했던 큰 아들에게는 어떤 칭찬도 없을 것이라는 것과 같은 뜻일지도 모른다. 그러던 중 트럼프 빌리지Trump Village를 건축하면서 프레드가 불법 이득을 취한 혐의로 청문회에 나서게 되면서 그 둘 사이에는 좁혀질 수 없는 틈이 벌어지기 시작한다.

  스튜어디스 출신의 미모의 아내와 결혼 해 두 명의 자식이 있었던 프레디는 장남의 역할을 충실히 하기 위해 애를 썼지만 부담감은 날이 갈수록 더 심해졌다. 고등학교 때 가끔 피웠던 담배는 어느새 골초가 되어있었고 가끔 한 잔씩 마셨던 맥주는 이제는 거의 매일 술을 마셔야 할 정도가 되었다. 그런 모습을 보면서 주위 사람들은 그가 절대 아버지의 뒤를 잇기는 불가능하다고 생각하기 시작했다. 그러면서 동시에 또 다른 후계자의 후보를 떠올리게 되었다. 하지만 프레디나 다른 사람 모두 도널드의 나이가 너무 어리기 때문에 후계자의 자리에서 오는 중압감을 헤쳐 나가기에는 이르다고 생각했던 것 같다.

  프레디가 도널드를 신경쓰고 있었는지 아닌지는 모르겠지만 어쨌든 도널드는 그런 형 뒤에서 일종의 준비 아닌 준비를 하고 있었다. 훗날 도널드가 인터뷰에서도 말했듯이 그는 자신의 형이 치열한 경쟁에서 살아남는 사람만이 대접받는 집안 분위기와는 맞지 않는다는 것을 알았고 그런 형을 보면서 무의식적으로 많은 것을 배울 수 있었다고 했다. 어떨 때 아버지가 형에게 불같이 화를 내게 되는지 즉, 졸업 후 돈도 얼마 못버는 그런 전공을 택해 대학교를 간다고 했을 때, 우유부단하고 약해보이는 모습을 보일 때 그리고 술과 담배를 할 때 등 아버지가 가장 싫어하는게 무엇인지를 자신의 형을 통해서 간접적으로 배우게 되었다.

착하고, 상냥하고, 재밌기도 한 형의 모습이 많아지면 많아질수록 아버지 밑에서 형의 인생은 더 고달파지고 힘들어진다는 사실을 알았기 때문에 형과 같이 되지 않으려면 아버지가 원하는 강한 승자의 모습을 보이는 길 뿐이라는 걸 알았다.

DONALD TRUMP

맨하탄 입성

CHA. 02

$$$

1964년 도널드가 아직 군사학교 생도였을 때 그의 아버지는 신시내티에 있었던 오래된 아파트 단지인 스위프톤 빌리지Swifton Village를 경매로 낙찰받기 위해 분주히 뛰어다니고 있었다. 아침에 신시내티에 가서 일을 보고 저녁 때 돌아서 영향력 있는 정치가들과 미팅을 하는 게 그의 일과처럼 되어 버렸는데 "다른 사람들은 골프를 좋아하지만 난 아파트를 사러 다니는 게 더 좋다."라고 말하곤 했다고 한다.

도널드의 아버지 프레드는 신시내티에는 특별한 연고가 없었기 때문에 뉴욕에서처럼 긴밀한 도움을 받을 만한 데가 없었지만 언제나 그랬던 것처럼 연방주택관리국FHA에서 제공하는 대출 보증 제도를 이용해 혼자 일을 꾸려나갔다. 1950년

대 초에 약 1,000만 달러를 들여 세워진 그 단지는 신시내티 중심가에서 가장 큰 규모였지만 낡고 오래되 입주자도 거의 다 나가고 대부분 비어있는 집들만 있는 흉물스런 아파트 단지로 전락한 상태였다. 정부의 지원금까지 대폭 삭감된 상태였기에 프레드를 제외하고는 아무도 그곳에 관심을 가지지 않았다. 그래서 주위사람들 모두 걱정스러운 눈빛으로 프레드를 바라보았으며 왜 그런 무모한 짓을 하는지 모르겠다고 다들 우려섞인 목소리를 냈다. 하지만 프레드는 절대 놓칠 수 없는 절호의 기회라고 생각을 했다.

결국에는 그가 자문 위원회로 있고 또 가장 큰 주거래 은행이었던 체이스 맨해튼 뱅크Chase Manhatten Bank를 통해 대규모의 대출을 받아 그 단지를 사들였고 아파트 단지 전체를 리모델링할 수 있게 되었다. 매주 화요일마다 신시내티로 날라가 그곳에 있는 건축업자들과 미팅을 하고 다시 저녁 때는 뉴욕으로 돌아와 공사에 들어갈 자재들의 가격 흥정부터 인건비 그리고 그의 직원들이 제출한 전체 개발 계획서의 내용들을 꼼꼼히 체크해 내려갔다.

도널드가 쏘댐 대학교에 다니고 있을 때 종종 도널드를 데리고 신시내티 공사 현장으로 같이 가곤 했다. 아버지가 현장 감독들과 공사 진척 사항을 점검하고 있을 때 도널드는 공사장 인부들과 함께 정원 손질이나 청소 작업을 했다. 그렇게 몇 개월이 지나면서 도널드는 아버지가 낡아빠진 아파트 단지를 어떻게 변모를 시켜나가는지 직접 보고 배울 수 있는 기회를 얻었다. 공사가 끝나고 멋드러진 새 집들로 변하면서 새로운 입주자들로 넘쳐나기 시작했다. 마치 탄탄대로를 걷고 있는 것처럼 보였다. 하지만 그것도 잠시뿐....

1969년 근처 공장에서 일하던 해이우드 캐시Haywood Cash라는 한 흑인이 스위프톤 빌리지에 입주하려고 했는데 임대 관리인이 그 흑인의 수입이 입주 조건에 미달되고 마침 빈 집도 없다고 하여 거절했다. 그러자 헤이우드 캐시는 시민 인권단체에 자신들의 사정을 하소연하면서 입주 신청이 거절당한 것은 부당한 처사라고 주장을 했다. 그러자 그 인권 단체에서도 정식으로 항의를 했는데 스위프톤 빌리지의 총 책임자가 오히려 흑인들의 편의만 봐주는 단체라고 하면서 그들을 내쫓았다. 결국 그들은 법원에 인종차별로 스위프톤 빌리지를 고소해 승소를 하고 입주를 했는데 이 때 도널드는 자신의 아버지가 잘못한 일이 아닌데 왜 손해배상까지 하고 거기다 입주자를 선별해서 받을 수 있는 권리마저 박탈하냐고 주장했다. 훗날 이와 비슷한 일이 도널드에게도 똑같이 일어나지만 그 때는 아버지처럼 순순히 물러나지 않는 모습을 보인다. 어쨌든 그 일로 해서 머지않아 그 아파트 단지에는 수많은 흑인들이 입주하게 되는 계기가 된다.

또 그 무렵에 신시내티의 도시 문제가 심각해지기 시작했다. 새로 뚫린 고속도로를 타고 동부로부터 많은 빈민들이 이주를 해오기 시작하면서 여기저기 범죄로 들끓기 시작하면서 프레드의 아파트 단지에 살던 사람들이 하나둘씩 빠져나가기 시작했고 급기야 예전처럼 을씨년스런 주택 단지로 바뀌기 시작했다. 뉴욕 브루클린 출신의 프레드가 할 수 있는 것이라고는 아무것도 없었기에 1972년 끝내 그 아파트 단지를 팔 수밖에 없게된다.

도널드는 스위프톤 빌리지에서 어느 정도까지는 자신이 일을 직접 처리할 수 있는 권한을 가지고 있었고 또 누구보다 아파트 분양에 있어 열과 성을 다해 한 채라도 더 팔기 위한 노력을 했다. 그러던중 이웃에 있던 아파트 단지의 소유주가 스위프톤 빌리지에 대해 관심을 가지고 있다는 것을 알게 되고 그곳과 675만 달러의 거래를 주선한다.

26살의 도널드가 처음으로 수백만 달러의 큰 거래를 이끌어냈으며 그것은 그의 아버지에게 평생의 수제자로 인정받는 꿈같은 일이기도 했다. 매일 아침 브루클린에 있는 아버지의 사무실로 같이 출근을 해서 아무리 사소한 것들이라도 하나부터 열까지 배우기 시작했다. 임대료가 빌린 세입자를 찾아가 돈을 빋아내는 빙법이니 이떻게 하면 공사 자재를 싸게 구입하는지 그리고 집 수리하는 방법 등까지 하나씩 익혀나갔다. 도널드의 아버지는 자신이 쌓아놓고 있던 정치적인 인맥을 어떻게 활용해서 문제점들을 풀어 가야 하는지도 알려줬고 입주자 대표들과 트러블이 있을 때는 어르고 달래는 아버지의 모습을 보면서 최후의 협상 테이블에서 어떻게 담판을 짓고 나와야하는지도 배웠다. 그리고 작은 화분이나 거울 하나같은 세심한 배려가 집을 보러 오는 사람들에게 얼마나 큰 호감을 주는지도 배웠다. 보일러 청소 비용을 아끼려고 아버지가 직접 보일러 수리공을 데리고 굴뚝을 타는 모습을 보면서 비용 절감에 얼마나 신경을 써야 하는지도 알았다. 하지만 공사 현장에 나갈 때는 어김없이 정장차림으로 옷을 갈아입고 가는 그런 아버지의 모습 속에서 프로의 정신이 얼마나 중요한지도 알게 되었다.

이렇게 도널드는 그의 아버지에게서 많은 것을 배웠지만 반대로 그가 아버지에게 가르쳐 준 것도 있었다. 아버지가 하는 일을 지켜보면서 도널드는 아버지가 벌어들인 돈을 재투자하는 일에 무척 인색하다는 사실을 깨닫기 시작한다. 80채의 빌딩을 돈으로 환산해도 2억 달러가 넘는 그런 자금이 있었기 때문에 새로운 투자처를 찾는 게 당연해 보였다. 그래서 도널드는 새로운 투자의 땅으로 맨하탄을 눈여겨 보고 있었지만 그의 아버지는 맨하탄에는 전혀 투자할 생각이 없다라는 것을 알았다. 잠재적 투자가치가 훨씬 높은 곳이라고 생각했지만 유독 도널드의 아버지는 맨하탄에는 눈길 한번 주지 않았다. 도널드도 나중에 말하길 "맨하탄은 아버지에게 관심밖이었요. 브루클린처럼 싸게 살 수 있는 땅이 많은데 왜 하필 비싼 맨하탄의 땅에 투자를 하냐고 했습니다."라고 했다.

1970년 대 초 도널드는 아버지가 회장직으로 올라가면서 자동으로 가문의 사업을 대표하는 수장의 자리에 올랐는데 그 때 제일 처음에 한 일은 아버지가 여기저기 널려놓은 사업체들을 트럼프 오거니제이션Trump Organization으로 통합한 것이었다. 그리고 맨하탄에 있는 작은 빌딩에 사무실을 하나 임대해 들어갔다. 도널드는 그곳을 펜트하우스라 부르며 굉장히 좋아했었다고 말했는데 15년 후 그가 트럼프 타워 꼭대기 층에 진짜 펜트하우스를 가지게 되었을 때보다 더 흥분됐었다고 한다. 매일 아침 브루클린에서 멀리 떨어진 사무실까지 회사 소유의 캐딜락을 타고 출근해서 저녁 때는 맨하탄의 상류층에 발을 들여놓으려고 애를 썼다. 그 중 첫 번째가 멤버십 클럽이었던 레 클럽Le Club에 들어가서 부동산이나 금융 쪽에서 막강한 영향력을 행사하던 인사들과 친분을 쌓으려고 했다.

그 때 처음으로 로이 콘Roy Cohn이라는 변호사를 알게 되었는데 로이 콘은 1950년 대 미국에서 수많은 사람들을 공산주의자로 몰아넣었던 매카시 상원의원의 보좌관으로 일을 했기 때문에 악명이 높았던 사람이었다. 사치스러운 생활을 즐겨했고 돈을 밝혔으며 세금을 한푼이라도 덜 내려고 애를 썼던 사람이라서 국세청과는 악연이 끊이질 않았던 사람이었다. 뇌물수수, 불법공모, 금융사기 혐의로 몇 차례 기소되기도 했지만 그 때마다 무죄 판결을 받았던 인물이기도 했다. 그런 불미스러운 전력 때문에 대부분이 그를 꺼려했지만 어떤 상황에서도 승리를 이끌어내는 그런 사람을 찾고 있던 도널드에게만큼은 최상의 파트너가 될 수 있었다.

1973년 트럼프 오거니제이션 소유의 한 임대 아파트에서 흑인에게 임대를 해주지 않았다는 사실 때문에 소비자 차별법을 위반했다는 이유로 고소를 당했다. 마치 예전에 신시내티에서 고소를 당했던 것과 비슷한 상황이 다시 발생했지만 조용하고 원만하게 타협짓고 넘어갔었던 아버지와 다르게 도널드는 기자 회견을 열어 정부를 상대로 천문학적인 손해배상(1억 달러)을 청구하는 소송을 낸다고 발표한다. 이 때 로이 콘 변호사와 함께 했었는데 의도적으로 인종 차별을 한 적도 없었고 집세를 낼 수 있다고 판단되는 사람한테만 집을 임대하는 건 집주인의 고유 권리라고 주장하면서 소장을 접수했지만 결국 기각되었다. 1975년 무의미하고 지루한 법정 싸움이 끝나고 흑인 신문에 임대 광고를 싣고 빈 아파트의 일정 퍼센트를 입주자의 수입에 상관없이 먼저 임대해 준다는 조건을 내거는 것으로 마무리되었다.

재판의 승패여부를 떠나서 아마 그 사건을 계기로 도널드가 좀 더 크고 확고하게 자리잡는 하나의 계기가 되었던 것처럼 보였다.

펜 센트럴 철도 부지

1968년으로 거슬러 올라가 두 개의 거대 철도회사가 펜 센트럴 Penn Central이라는 이름으로 합병을 하게 되는 역사적인 사건이 있었다. 신문들이 서로 앞 다투어 철도의 미래라는 제목으로 1면 기사를 내보냈고 그 합병의 주인공이었던 스튜어트 선더스 Stuart Saunders는 그 해의 사업가로도 선정되기도 했었다. 하지만 시작만큼 끝은 화려하지 못해 1970년에 파산 지경에 이르렀는데 그렇게 된 가장 큰 이유는 합병된 두 회사의 사장들 생각만큼 모든 게 쉽게 하나로 이루어지지 않으면서 둘 사이의 원만한 관계도 오래지 않아 금이 가기 시작했고 94,000명이나 되는 양쪽 회사의 직원들도 하나의 공감대를 이루지 못했다. 결국 그들이 보여준 철도의 미래는 온데간데 없이 사라지고 40억 달러나 되는 적자만이 남게 되었다.

펜 센트럴 철도 회사의 붕괴는 한 회사의 파산 후에 생겨나게 되어있는 새로운 일거리들 즉, 회생 전문가, 재산 평가 전문가 등이 활기차게 돌아다닐 수 있는 계기가 되었는데 회사가 망할 때 그 와중에도 돈을 버는 사람들이 있을 수 있다는 사실들을 알게 해줬다. 하지만 무엇보다 24살의 도널드에게 머지않아 엄청난 기회를 안겨다주는 계기가 된다.

펜 센트럴의 문제를 해결하기에는 너무나 많은 것들이 걸려있었는데 철도는 국가의 기간 산업이었기에 연방법에 따를 수 밖에 없었고 또 화물과 승객을 운송하는 데 하루에 백만 달러씩의 적자가 누적되는 골치아픈 상황이 벌어지고 있었다. 그래서 할 수없이 철도 서비스와 관련된 사업은 국가 소유로 하고 펜 센트럴의 부채를 갚기 위해 철도 운행과 크게 관련없는 것들 즉 부동산들을 모두 처분해서 해결하는 것으로 최종 결정이 났다.

하지만 수많은 채권자들이 수긍할 수 있게 동의를 구해야 하는 결코 쉽지 않은 문제가 남아있었다. 한 푼이라도 더 건지겠다고 으르렁 거리던 채권자들도 펜 센트럴의 차입금이 너무 많아 자기들 몫을 조금이라도 더 챙기려고 하다가는 한 푼도 못 건지게 될지도 모른다는 사실을 직시하고 결국은 한발 뒤로 물러나게 된다.

그래서 펜 센트럴이 오랫동안 보유하고 있던 부동산을 처분해서 단 얼마라도 건지기로 합의하고 LA에 있던 빅터 팔미에리Victor Palmieri라는 사업가에게 그 일에 대한 전권을 위임했다. 그 무렵 도널드는 신문을 보다가 세상에서 가장 값나가는 가치를 지닌 땅을 발견하게 되는데 그것이 곧 펜 센트럴의 철도 부지였다. 허드슨 강의 동쪽 연안을 따라 있는 두 개의 거대한 토지 구역으로 총 120에이커이며 센트럴 파크의 칠분의 일에 해당하는 면적이었다. 거기다가 도널드의 아버지가 브루클린에서 아무도 관심을 가지지 않는 미개발 지역에 집을 지어 성공할 수 있었던 것처럼 그 땅 역시 전혀 개발되지 않은 땅이었다. 도널드의 아버지 프레드에게는 탐탁치 않아 보였겠지만 도널드에게는 자석처럼 강력한 그 무엇이 자신을 강하게 끌어당기고 있음을 느꼈다.

도널드는 그 기사를 접하자마자 팔미에리에게 편지를 보냈지만 6개월동안이나 답장을 받을 수 없었다. 세련되고 지적인 스탠포드 출신의 42살 난 변호사였던 팔미에리는 이미 사회적으로 성공한 자리에 있었으며 TV 쇼에 출연하는 등 다방면으로 활동하고 있었던 터라 펜 센트럴에 관련된 일은 신경조차 제대로 쓰고 있지 못하고 있었기 때문이었다. 거대한 철도 회사에서 졸지에 거대한 부동산 회사처럼 되버린 펜 센트럴은 실제로 가장 크게 땅을 소유하고 있던 기업 중 하나로 밝혀졌고 아무도 어디에 얼마나 소유물이 있었는지 알 수조차 없던 상태였다.

그래서 네드 에이클러Ned Eichler라는 사람을 고용해 펜 센트럴 소유의 땅들에 대한 조사를 맡겼는데 네드 에이클러도 도널드처럼 아무도 눈여겨보지 않았던 뉴욕의 땅들에 대한 무궁한 가능성을 감지하고 있던 사람이었다. 그래서 뉴욕의 웨스트 사이느에 있던 철도 부지는 보통의 방식으로는 쉽게 팔 수는 없고 뭔가 특출난 개발 업자와 손을 잡고 특별한 개발 방식으로 일을 진행해야 한다고 생각했고 거기서 자신도 한 몫 챙기고 싶어했던 것 같다. 불가능해 보이는 그 일을 할 만한 사람으로 에이클러는 무슨 일을 해야 하는건지

정확히 파악하고 있고 큰 도시의 정치권을 움직일수 있는 인맥과 맨하탄에서 크게 주목받은 프로젝트에 관여되지 않은 사람이 필요했다.

그러던 중 12월 어느 날 우편물 꾸러미 안에서 우연히 도널드의 편지를 발견하고는 도널드에게 연락을 취해 만나게 된다. 그는 도널드의 열정에 깊은 감명을 받았고 철도 부지위에 대규모 주택 단지를 개발하고 싶다는 다소 허무맹랑해 보이는 생각을 뿜어내는 젊은 청년에게 흠뻑 빠지게 된다. 에이클러는 그 때의 일을 "소설 속에 나오는 주인공처럼 시골 출신으로 야망이 가득한 한 젊은이가 자아에 흠뻑 도취되어 자신만의 도시를 건설하려는 것처럼 보였다."라고 회고했다.

하지만 에이클러는 아직 검증이 제대로 되지 않은 도널드가 정치권과의 유대관계, 금융적인 재정 상태 그리고 토지 구역 변경 허가를 따낼 수 있을지에 대해 걱정스러워했다. 그래서 일을 믿고 맡길 수 있는지 능력을 입증 해보라고 요구했다. 그러자 도널드는 새로 뉴욕 시장으로 뽑힌 에이브 빔Abe Beame과의 자리를 주선하겠다고 했지만 에이클러는 도널드가 허풍을 떤다고 생각하고 웃어넘겼다. 도널드와 아버지 프레드는 오랫동안 민주당 클럽에 소속되어 있었고 에이브 빔 역시 민주당 출신이었기에 에이클러가 생각하는 것처럼 그런 자리를 주선하는 것은 어려운 일이 아니었다. 그래서 바로 다음 날 신임 뉴욕 시장실에서 미팅을 가지게 되었다. 그 자리에는 도널드의 아버지 프레드와 도시 계획 위원회장인 존 주코터 John Zuccotti도 자리를 함께 했다. 그리고 시장은 에이클러에게 도널드와 프레드가 원하는게 있으면 얼마든 도와줄 것이라는 말을 했다.

그 후 몇 달동안 빅터와 에이클러는 도널드에게 일을 맡길지를 놓고 고민했지만 빅터의 영향력이 뉴욕에서는 크게 발휘될 수 없다는 점과 뉴욕에서 어느 정도 정치적 영향력을 가지고 있고 5년에서 10년이 걸릴지도 모르는 개발 계획을 쉼없이 몰고 갈만한 에너지와 천부적인 시장 감각을 지니고 있는 도널드와 계약을 맺기로 한다. 하지만 재정적인 문제와 도시 구역을 재조정해야 한다는 단서를 달았다. 특히 재정적인 문제가 무엇보다 걸림돌이 되었는데 아버지 프레드가 자신의 전 재산을 다 내어놓는다 하더라도 도널드가 구상하고 있던 건설 계획을 충당하기에는 턱없이 부족했다. 그래서 돈은 정부 프로그램이나 은행 혹은 투자사로부터 대출을 받을 수밖에 없었다.

그 후 몇 달동안 도널드는 에이클러의 사무실에 출퇴근을 하며 도널드가 사려는 철도 부지에 대한 얘기를 하면서 일종의 계획을 세웠다. 도널드는 그 곳에 중산층을 위한 대규모 주택 단지를 짓겠다고 했는데 그것은 엄청난 규모의 땅을 산업용에서 주거용으로 용도 변경을 해야 한다는 것을 의미했다. 에이클러가 그건 불가능하다라고 말할 때마다 도널드는 어떻게 하든 되게 할테니까 걱정하지 말라고 강하게 얘기했다고 한다. 그 때 성공한 부동산 개발업자들은 절대 부정적인 말은 듣지않으려고 하고 끝까지 밀어부쳐서 자신이 원하는 것을 얻는다는 것을 알았다고 에이클러는 말했다.

에이클러에 따르면 도널드는 아버지를 닮아서 그런지 아침부터 밤늦게까지 일에만 매달렸으며 때때로 에이클러에게 새벽 한 두시에도 전화를 걸어서 일 얘기를 하곤 했다고 한다. 그에게 쉬는 시간이라는 말은 전혀 어울리지 않아서 골프를 치는 동안에도 긴장감을 늦추지 않고 상대를 이기는 것에만 집중했다고 한다. 또 자신이 만나본 사람 중에서 가장 열심히 일에만 매달렸던 사람으로 도널드를 기억하고 있으며 미팅하고 실행에 옮기고 관리하고 그리고 기술적인 질문을 받으면 전문가로서 막힘없이 대답하고는 했다고 한다. 그래서 하루 종일 그의 곁에는 일과 관련된 얘기만 오갈뿐 영화나 책과 같은 평범한 일상 생활에 관련된 얘기는 전혀 할 수가 없었다고 한다.

에이클러는 종종 물려받은 재산도 많은 도널드가 왜 그렇게 일에만 매달리는지 궁금했다고 한다. 그러던 어느날 맨하탄에 있는 21 클럽이라는 고급 레스토랑에서 점심을 먹던 중 그 이유를 어렴풋이 알았다. 도널드는 에이클러에게 자신이 만약 결혼도 하지 않은 채 40이 되기 전에 죽는다 하더라도 자신은 뉴욕에서 가장 큰 부동산 업자인 해리 헴슬리Harry Helmsley보다 더 커다란 사람으로 남게 될 것이라고 했다고 한다. 그래서 그 말을 들으면서 도널드는 돈이 목적이 아니라 유명해지고 싶어서 그런다는 것을 알았다고 했다.

도널드의 일반적인 행동은 다른 사람들뿐만 아니라 에이클러에게도 별 호감을 주지는 못했다. 하지만 에이클러가 찾던 사람은 다른 보통의 개발 업자들처럼 가만히 사무실에 앉아서 다 지어질 때까지 기다리는 사람이 아니라 매일 목숨처럼 일에만 매달리고 직접 부딪혀 나가는 사람이었고 그점에서 도널드가 적임자였다.

맨하탄의 첫 번째 프로젝트

1974년 11월의 어느날 도널드가 28살 때 필라델피아 법원에서 펜 센트럴의 매각 정리 결과 발표를 기다리고 있었다. 트럼프 오거니제이션에게 펜 센트럴의 철도 부지 우선 구입권을 주리라는 기대를 가득안고 모든 사람들이 법정의 최종 결정만을 기다리고 있었다. 하지만 갑작스레 나타난 경쟁자 때문에 최종 결정은 뒤로 연기되었지만 그것은 어디까지나 형식적이라는 절차를 거치기 위해서라는 것을 도널드는 알고 있었다. 4개월 후 철도 부지에 대한 우선

매입권을 트럼프 오거니제이션에 준다는 법원의 최종 판결이 나게 되었다. 마침내 도널의 야심찬 계획이 현실화되기 시작한 것이다. 그리고 그것은 아버지의 그늘에서 벗어나 맨하탄에 자신만의 영역을 가지는 제 2의 출발점이 된 셈이었다.

단순히 금전적인 이득보다는 세계에서 가장 큰 프로젝트를 시작할 수 있다는 사실이 도널드를 더 흥분되게 만들었고 언제나 경쟁과 무모한 도전을 통해 성공하는 사람이 되고 싶어했다고 에이클러는 말했다.

낡은 벽돌을 걷어내고 통 유리로 바꾸다

CHA. 03

$$$

펜 센트럴에 대한 매각 정리안이 최종적으로 발표되기 며칠 전에 뉴욕 주에서는 새로운 주지사가 선출되었다. 16년 만에 처음으로 주지사 관저의 주인이 공화당에서 민주당으로 바뀌게 되었으며 거기다가 브루클린 출신이라는 점은 민주당과 깊은 유대관계를 맺어오고 있었던 트럼프 집안에게는 더할 수 없는 기회이기도 했다. 도널드는 몇 해 전부터 주지사로 뽑힌 휴 캐리Hugh Carey와 또 한명의 민주당 주지사 후보에게 후원금을 주며 관계를 돈독히 하고 있었다. 새로운 주지사에게 두 번째로 많은 기부금을 낸 것이 트럼프 집안과 트럼프 소유의 회사들이었을 정도였다.

여타 정치인과 다르지 않게 신임 주지사는 취임 후 내세울

만한 건설 경험이 없었던 도널드에게 후원금에 대한 감사의 표시로 주택 문제에 대한 특별 전문 위원이라는 타이틀로 성의 표시를 했다. 그 후 뉴욕 시장과 뉴욕 주지사와 친밀한 관계를 맺고 있었던 도널드에게 어려운 것은 없을 것처럼 보였다.

루이스 선샤인과의 만남

신임 주지사의 당선 축하 파티가 열리던 날 수 백명의 후원자들 사이에서 신임 주지사 옆에 값비싼 옷차림에 두껍게 화장을 하고 얼굴이 둥그렇고 자기 주장이 강해보이는 인상의 한 여자가 있었다. 바로 그 여자가 훗날 도널드의 어머니 다음으로 도널드에게 많은 영향을 주게되는 루이스 민츠 선샤인Louise Mintz Sunshine이라는 여성이었다. 휴 캐리 주지사 밑에서 재무 담당최고 책임자로서 일을 하고 있었던 그녀는 불가능한 게 없어 보일 정도로 폭넓은 인맥을 자랑했다. 그래서 자신의 인맥을 백분 활용해서 일을 해나가고 있었고 특히 후원금을 걷어들이는 일에서 만큼은 예술적인 경지에 올랐을 정도였다는 평가를 받고있었다.

신임 주지사의 선거 참모로서 일을 하면서 가장 많은 기부금을 내고 있었던 트럼프 집안과의 관계 때문에 자연스럽게 종종 트럼프 오거니제이션의 일도 같이 봐주곤 했다. 그때 돈 한푼 받지 않고 했다는 게 약간은 멍청한 짓을 한 것 같기도 하다고 훗날 그녀가 뉴욕타임즈와의 인터뷰에서 밝혔다. 하지만 그 당시 선샤인은 도널드에게 내재된 엄청난 에너지와 정치권과의 깊은 유대 관계를 눈여겨보게 되었다. 그 때 선샤인은 "도널드는 내가 지금까지 만났던 사람들 중에 가장 뛰어난 사람이다."라고 말하기도 했다.

반대로 도널드에게 있어 선샤인은 도널드가 필요로 하는 주 정부의 협력을 얻어내는데 최고의 역할을 할 수 있는 사람처럼 보였다. 그리고 파산 지경에 이르고 있었던 뉴욕시가 점점 더 주 정부에 의존할 수 밖에 없었던 그 당시의 상황에서 선샤인이 주지사뿐만 아니라 다른 주 정부의 관료들과 친하다는 사실은 도널드에게 최고의 선물이나 마찬가지였다. 그녀와 함께 일하게 된다는 것은 도널드에게 자신과 호흡이 잘 맞고 자신처럼 될 때까지 밀어붙이는 성격의 소유자를 동반자로 맞아들여 천군만마를 얻는 것이나 마찬가지였다. 또 매번 아버지의 인맥에 의존할 수 밖에 없었던 도널드가 처음으로 자신의 인맥을 형성할 수 있도록 도움을 받을 수 있는 사람을 밑에 둘 수 있었다는 게 중요했다. 선샤인은 때로는 동료이자 때로는 도널드도 수긍할 수밖에 없는 충고를 해주는 약간은 멘토와 같은 역할을 하게 된다.

루이스 선샤인이라는 든든한 동료를 얻고 철도 부지에 대한 매입 우선권을 취득하였다하더라도 도널드가 처리해야 할 더 큰 문제들이 남아있었다. 그것은 바로 뉴욕 시로부터 구획 재정비에 대한 허가를 받아야 했고 또 은행에서 막대한 공사 비용을 대출받아야 한다는 점이었다. 그리고 그것보다 더 앞서 설계도를 만들어 내는 일이 급선무이기도 했다.

거대한 아파트 단지를 짓고 싶어하다

도널드는 MIT 출신인 두 명의 건축 설계자들에게 60번가에 있는 부지에는 2만 가구의 주택 단지를 그리고 34번가에 있는 부지에는 만 가구의 주택 단지를 각각 만들 것이니까 거기에 맞춰 설계를 하라고 지시했다. 두 군데 합쳐 짓게 되는 3만 가구는 트럼프 오거니제이션이 소유하고 있던 모든 주택 단지를 합친 것보다 훨씬 더 큰 규모였다. 도널드 아버지는 이웃집 차고를 짓는 일부터 시작을 해 지금에 이르렀는데 그의 아들이 처음 시작하려고 하는 일은 세계에서 가장 큰 아파트 단지를 짓겠다고 하는 것이었고 거의 불가능에 가까운 일처럼 보였다.

도널드의 생각은 뉴욕 시 대부분의 사람들에게 터무니없는 얘기처럼 들렸는데 시 기획 위원회 의장이었던 존 주코티John Zuccotti와 다른 위원들 모두 34번가의 부지는 계속 산업 용지로 사용되게 할 예정이며 60번가에 있는 부지는 대규모 고층 아파트가 아닌 일반적인 아파트 단지가 들어서야 한다고 얘기하고 있었다. 펜 센트럴의 주요 채권자들의 법정 대리인이었던 로버트 디커Robert Dicker는 도널드의 생각이 너무 황당하다며 "차라리 내게 천달러를 주면 달나라까지 여행을 시켜주겠다."라고 말할 정도로 비난을 했다. 그리고 도널드와 대부분 뜻을 같이 하고 있던 네드 에이클러Ned Eichler 조차 아파트를 많이 짓게 된다면 그 만큼 수익을 더 많이 챙길 수 있긴 하지만 이번에는 좀 규모를 줄이는 게 더 쉽고 빠르게 아파트를 지을 수 있을 것 같고 또 주변 주민들과도 마찰이 없을 것 같다라고 우려하기도 했다.

주위의 우려섞인 말들에도 별로 아랑곳하지 않고 규모만 좀 줄여서 설계 작업을 빨리 끝마치라고 닦달을 하기 시작했다. 설계자들이 출근하기도 전에 먼저 설계 사무실에 들어가 전날까지 해놨던 작업들을 살펴보곤 했다고 한다. 그 당시 설계 작업에 참여했던 폴 윌렌Paul Willen은 "도널드는 쉴새없이 우리를 몰아부쳤고 마치 자신이 모든 걸 다 아는 전문가처럼 말을 했다. 하지만 도널드는 모든 것은 커녕 많은 부분에 있어 제대로 알지 못했는데 그래도 그렇게 생각하는 듯한 자신감만큼은 최고였다."라고 말했다.

또 그 당시 설계 책임자였던 조단 그루젠Jordan Gruzen은 "도널드의 급한 성격은 우리를 짜증나게 하긴 했지만 그 열정만큼은 대단했다. 너무 앞서나가는 경향이 있긴 했지만 항상 기대와 걱정 속에 일이 어느 정도까지 진행되고 있는지 꼼꼼히 챙길려고 했다."라고 말했다.

하지만 그런 도널드에게 있어 그 당시 가장 큰 장애물은 돈이나 설계도가 아닌 지역 주민위원회였다. 산업 용지에서 주거 용지로 변경하기 위해서는 그들의 동의가 필요했지만 60번가에 있던 주민들은 절대 자신들이 살고 있는 집 옆에 대규모 아파트 단지가 들어서는 것을 받아들일 수 없었다. 그 당시 위원장이었던 사람은 그 땅 위에 개발업자 멋대로 건물을 짓게 하지 않을 것이라고 엄포를 놓고 있었다.

그래서 도널드의 계획이 알려지고 난 다음에 그들은 바로 존 주코티에게 달려가 자신들의 의견 동의없이 어떤 승인도 내주지 않겠다는 다짐을 받아냈고 그 때부터 도널드와 수많은 미팅을 하기도 하고 도시 계획 위원회에 끊임없는 전화와 탄원서를 내는 등 도널드의 프로젝트에 서서히 제동을 걸기 시작했다. 그래서 최초 2만 가구를 짓겠다는 계획에서 5,000가구를 짓겠다는 수정안까지 내어놓았지만 지역 주민들에게는 그것도 너무 커보였기 때문에 합의를 이루지 못하고 도널드와 지역 주민 위원회의 싸움은 그 뒤로도 지루하게 계속된다.

도널드는 자신의 첫 번째 프로젝트에서 가장 큰 딜레마에 빠지게 되었으며 양측의 입장 차이를 좁히기 위해 계속적으로 노력을 하면서 지역 사회의 발전을 위해 좋은 일이고 재정적으로도 아무런 문제가 없다고 발표하기도 했지만 사람들에게 공감을 얻어내지는 못했다.

그 당시 지역 주민 위원회 소속이었던 조나단 바넷Jonathan Barnett은 "도널드는 아주 어린 젊은이었는데 그가 하는 말은 내게는 전혀 앞뒤가 안맞는 이치에 맞지 않는 말뿐이었다. 장사꾼은 물건을 하나 팔 때마다 조금씩 손해본다라고 하면서 엄살을 떠는 게 있긴 하지만 도널드는 조금씩이 아니라 엄청난 손실을 예상하고 있다고 했다."라고 말했다. 바넷은 도널드의 전략이 일단 도시 구역 변경 작업을 하기 위해서 필요하다면 무슨 말이든 해서 지역 주민들의 동의를 이끌어 낸뒤 시로부터 용도 변경을 받으면 그 다음에는 투자사로부터 막대한 투자금을 받을 수 있게 될 것이고 그렇게 되면 투자사가 시를 압박해서 사회 간접 시설을 만들도록 하려고 했던 것 같다고 했다.

그렇게 애를 먹고 있는 도널드를 그의 아버지 프레드는 뒤에서 조용히 지켜보면서 자신이 예전에 비슷하게 지역 주민들과의 마찰로 인해 실패했었던 기억을 되살리면서 불안해 하고 있었다. 그 때 도널드의 옆에는 루이스 선샤인과 아버지 프레드의 홍보 대행을 맡고 있었고 그 방면에서는 최고라고 명성이 자자했던 하워드 루벤스타인Howard Rubenstein 그리고 도널드의 아버지와 오랜 친분을 쌓고 있었고 영향력이 막강했던 변호사 몇 명이 함께 팀을 이루어 지역 주민 단체와 협상을 이끌고 있었다.

컨벤션 센터로 눈을 돌리다

도널드의 노력에도 불구하고 60번가에 대한 개발 계획은 이루어지지 못한 채 시간만 잡아먹고 있었다. 시장과 주지사와의 유대관계도 별다른 도움이 되지 못했던 것 같았는데 34번가에는 또 다른 일들이 벌어지고 있었다. 새로운 시장인 에이브 빔Abe Beame이 취임하면서 시청을 새롭게 건립하겠다고 공약을 했었는데 웨스트 44번가에 단층으로 된 굉장히 커다란 규모의 건물로 짓겠다고 발표를 했다. 현실성이 떨어지는 새로운 시청의 설계안에도 불구하고 시청을 새롭게 지어야 한다는 것에는 대부분 의견을 같이 하고 있었기 때문에 일이 진행되고 있었다.

한편 도널드와 함께 일하고 있었던 에이클러와 설계자였던 조단 그루젠Jordan Gruzen은 웨스트 34번가 근처의 부지는 주택을 짓는 것보다 컨벤션 센터에 어울리는 땅이라고 얘기를 했다. 하지만 도널드는 계속적으로 34번가 위에는 집을 지어야 하고 컨벤션 센터에 대한 생각은 하지말라고 했다. 그루젠은 컨벤션 센터를 짓게되면 수많은 일자리와 그에 따른 급여가 발생하는 거대한 프로젝트가 될 수 있다고 끈질기게 도널드를 설득했고 마침내 컨벤션 센터에 대한 대략적인 계획안을 잡아보라고 했다. 그리고 대략적으로 완성된 계획안을 가지고 주코티 도시계획 위원회장에게 찾아갔는데 주코티는 그 안을 보자마자 눈이 휘둥그레지면서 "비용적으로 절감할 수 있는 측면이 많다면 충분히 고려해 볼만하니까 한번 구체적으로 생각해보세요. 단, 조용히 일을 진행했으면 좋겠어요."라는 긍정적인 대답을 듣게 된다.

그 때부터 60번가에서 진퇴양난에 빠져있던 도널드와 그의 팀은 발빠르게 움직이기 시작한다. 마침내 총 공사 예상 비용이 1억 달러에서 1억 4천만 달러가 들어가는 컨벤션 센터의 설계도가 최종적으로 만들어졌다. 44번가에서 뉴욕 시당국이 추진하고 있던 편의성을 전혀 고려치 않고 외관만 신경썼던 건물의 공사에 책정되었던 2억 3천 백만 달러보다 훨씬 낮은 비용이었다.

주코티가 예견했던 것처럼 에이브 빔이 44번가에 짓고 싶어했던 시청 건물은 자금 부족으로 중단되었고 그에 따라 도널드가 계획하고 있던 컨벤션 센터에 더욱 힘이 실릴 수 있게 되었지만 에이브 빔 시장은 맨하탄 남부 끝자락에 위치한 배터리 파크 시티Battery Park

City를 대안으로 새롭게 내걸었다. 아마 자신의 오랜 친구였던 프레드의 아들인 도널드가 추진하고 있던 계획을 받아들이면 특혜 시비에 휘말리게 될지도 모른다는 사실이 부담으로 작용했을지도 모른다. 그리고 더 중요한 이유는 세계 무역센터 건너편에 있었던 배터리 파크를 개발하라는 사업가들과 금융 관계자들의 압력에 시달리고 있었던 주지사가 시장에게 영향력을 행사 했었다.

원래부터 포기라는 말을 모르고 살았던 도널드는 '배터리 파크 시티에서 일어나고 있는 음모' 라는 제목으로 보도 자료를 보내기 시작했고 여러 신문들에서 컨벤션 센터의 새로운 부지를 선정하는 일을 주요 기사거리로 다루기 시작했다. 그리고 여론이 무르익었다고 판단되었을쯤 유명한 영화 제목이었던 '34번가의 기적' 이라는 타이틀로 기자회견을 열었다. 중소 상공업자들과 시 당국자들 그리고 주요 신문사와 TV 방송국 관계자들이 모인 앞에서 도널드는 배터리 파크 시티에 대한 계획은 끔찍한 실수라고 혹평을 하면서 자신이 34번가에 지으려고 하는 컨벤션 센터야 말로 더 짧은 공사 기간과 더 적은 비용으로 미국을 대표하는 건물이 될 수 있다고 주장했다. 실제적으로 그의 모든 말들이 사실이었지만 대부분의 언론들은 그런 사실들에 대해서는 제대로 언급을 하지 않았다.

기자 회견장에서 발표한 컨벤션 센터의 디자인(도널드의 최초 계획)대로 실제로 34번가의 기적이 일어나지 않았지만 도널드가 경쟁자들을 물리치기 위해서 그의 아버지가 가지고 있는 정치인들과의 연줄과 조력자들의 조언들과 자신이 가지고 있는 부동산 개발에 대한 안목을 어떻게 잘 조합해서 일을 처리했는지를 보여주는 사건이 되었다. 그가 가지고 있던 그런 힘들은 그가 성공할 수 있었던 바탕이 되는 가장 중요한 요소들이었다.

코모도 호텔

웨스트 사이드에 있는 두 개의 철도 부지가 도널드에게 주요 관심거리가 되긴 했었지만 그 곳에 기념비적인 건물을 당장 세울 수는 없었다. 대신 도널드는 펜 센트럴이 보유하고 있던 자산 목록 중 낡은 빌딩을 하나 발견하고 그것을 재개발해서 그의 명성을 높여줄 사냥감으로 삼았다. 그것은 바로 65년이나 된 낡은 코모도 호텔 Commodore Hotel이었다.

그랜드 센트럴 터미널Grand Central Terminal 옆에 위치하고 있던 코모도 호텔은 펜 센트럴이 뉴욕에 소유하고 있던 5개의 호텔 중 하나였으며 2,000개의 객실을 가지고 있었다. 주로 잠시 머물렀다 가는 철도 승객들을 대상으로 하기에는 아주 좋은 입지 조건을 가지고 있던 호텔이었다. 하지만 경영이 제대로 이루어지지 않으면서 투숙률이 50%도 채 안되었고 투숙객을 위한 편의 시설은 거의 다 상점으로 변해 있었고 심지어 로비에서는 매춘부들이 투숙객을 상대로 호객 행위를 하는 일이 벌어지고 있었다.

1년 적자가 거의 백만 달러에 이르게 되었지만 노조원에게 회사 문을 닫아도 월급은 지급해야 하는 계약이 노조 측과 되어 있었고 부동산 세가 660만 달러나 밀려있었다. 그 호텔의 시장 가치는 천만달러정도로 추정되고 있었는데 에이클러가 눈여겨 보고 있던 건물이기도 했다.

도널드 역시 코모도 호텔에 처음 갔을 때 호텔과 그 주변이 너무 더럽고 시장판같은 모습에 깜짝 놀랐지만 그랜드 센트럴 터미널을 이용하는 승객들 대부분이 교외에서 출퇴근하는 통근자들로 넘쳐 나는 점을 유심히 바라보게 되었다. 호텔이 문제였지 그 주변 입지는 아무런 문제가 없다라고 생각하면서 코모도 호텔을 개조할 수만 있다면 분명히 큰 히트를 칠 수 있다라고 확신했다.

그의 호텔 개조 계획은 너무 간단했는데 호텔을 천만달러에 사들여서 세금 감면을 받고 호텔을 리노넬링해서 새로운 호델모 델바꿈시킨다는게 전부였다.

도널드는 그래서 바로 설계 작업부터 들어갔는데 평소 44번가나 브로드웨이에 있던 고층 건물들을 유난히 동경했던 그는 곧바로 데어 스쿠트Der scutt라는 건축가와 약속을 잡았다. 저녁을 먹는 자리에서 그 젊은 건축가는 코모도 호텔의 외관을 덮고 있는 벽돌을 유리로 바꾸고 싶다는 아이디어를 내어 놓았고 도널드는 그의 말에 흥분을 해서 식당 메뉴판 위에 유리로 된 호텔의 모습을 스케치해보기 시작했다.

두 사람은 특별한 말 없이도 마음이 잘 통하는 사이가 되었고 그래서 별다른 갈등없이 일을 진행하기 시작했다. 아마 그 두사람은 유리와 반짝거리는 창틀로 뒤덮인 건물자체 뿐만 아니라 그 건물이 시장에서 얼마나 큰 반향을 일으킬지에 대해 엄청난 기대를 하고 있었던 것처럼 보였다

도널드는 스쿠트를 곧바로 자신의 설계팀에 합류시켰고 다음으로 호텔 운영 경험이 있는 사람을 찾아 나섰다. 1974년 무렵 도널드는 전국적으로 가장 크게 호텔 체인망을 가지고 있었으면서도 유독 뉴욕에만 호텔이 없었던 하이야트에 대해 시선을 돌리기 시작했다.

하지만 하이야트에 접촉하는 일이 처음부터 쉽지는 않았다. 하이야트 부회장이었던 조셉 아모로소 Joseph Amoroso에게 전화를 했지만 시큰둥한 대답만 들었을 뿐이고 그를 직접 만나서 호텔 디자인에 대해 보여주기도 했지만 그래도 별반 다를바 없었다. 아모로소는 그때 일을 회상하면서 "도널드는 나를 보자마자 그 무시무시한 동네에 어울리지 않는 이상한 디자인을 보여줬는데 전혀 관심이 없었다."라고 했다. 하지만 도널드가 시에서 세금 감면을 받아 낼 예

정이라는 말을 넌즈시 비추자 아모로소의 태도는 180도 달라졌고 바로 하이야트 호텔의 창립자였던 제이 프리츠커Jay Pritzker에게 매우 영리하고 사업 수완도 좋고 입심도 좋은 그런 젊은 부동산 개발 사업가가 한명있으니 그를 한번 만나보는게 좋겠다라고 보고했다. 그리고 무엇보다 세금 감면에 대한 특별한 방안을 가지고 있는 것처럼 보이는 젊은이라는 말을 강조했다.

    어느 정도의 기초 안이 만들어지면서 하이야트의 임원진들도 서서히 도널드의 생각에 동조를 하기 시작했고 마침내 사전 협정에 합의하게 되었다. 그러자 바로 뉴욕 타임즈에서 전면 기사를 실었는데 그 기사의 주된 내용은 도널드가 세금 감면이나 투자를 받지 못한다면 절대 공사를 시작할 수 없을 것이라는 부정적인 내용이었다. 하지만 도널드는 자신의 친구에게 그 기사가 달랑 한 페이지밖에 안나와서 실망이라고 말했다고 한다. 계약서의 잉크가 마르기도 전에 도널드는 건축 자재를 한 푼이라도 싸게 살 수 있는 곳이 없는지 찾아다니고 있었고 오래된 객실을 손쉽게 고칠 수 있는 방법이 없는지 고민하면서 어떻게 하면 공사 비용을 줄일 수 있는지 미리를 쥐어짜내기 시작했다. 그런 도널드를 보면서 하이야트 측에서 처음 자신들과 얘기했던 호텔의 모습이 어그러지는 것은 아니냐고 걱정하자 짜증을 내면서 계약서에 서로 사인을 했으니까 이제는 내가 생각하는 식으로 할 수 있게 믿고 맡겨야 하는 것 아니냐고 말했다.

세금 감면이 절실하다

하이야트 측과의 최종 계약을 위해서는 무엇보다 세금 감면이 절실히 필요하다는 것을 도널드도 알고 있었지만 당시 상황은 점점 더 어려워져 가는 것처럼 보였다. 뉴욕 시의 재정 상태는 더 악화일로를 치닫고 있었으며 고금리 단기 부채가 1975년에 약 5조 달러를 넘어서고 있었다. 그렇다고 시에서 돈을 찍어 낼 수 있는 것도 아니고 쉽게 흥분하는 성격이 아니었던 시장도 매일 고통속에 신음하면서 한번은 이스라엘에 방문을 했다가 통곡의 벽앞에서 딱 한마디만 하고 돌아섰다고 한다. "도와주세요!"

시에서 세금을 가장 많이 내고 있던 부동산 업계의 거물이었던 어떤 사람은 뉴욕 시를 위해 세금을 미리 납부하는가 하면 주정부도 여러모로 시를 재정 위기에서 구해내기 위해 애를 쓰고 있었다. 시에서는 공무원들을 강제 해고시키는 자구책을 벌이기도 하면서 재정 파탄으로부터 벗어나기 위해 발버둥을 치고 있었다. 하지만 뉴욕 시의 신용은 땅에 떨어져 헤어나오지를 못하고 있었다. 패닉 상태에 빠진 사업가들과 금융 관계자들은 주지사에게 뉴욕 시의 문제를 직접 해결하라고 요구하기 시작하면서 시장의 퇴임을 외치기도 했다. 진퇴양난에 빠진 에이브 빔 시장은 자신의 최측근이었던 제임스 카바나James Cavanagh를 해임시키고 그 자리에 노조나 은행들로부터 두터운 신망을 받고 있었던 존 주코티를 시 기획 국장에 임명했다.

뉴욕 시에게는 좋은 일이었는지는 몰라도 도널드에게는 주코티가 그 자리에 올라선게 그리 좋은 소식만은 아니었다. 주코티는 특별한 경험도 없이 검증되지도 않은 도널드 때문에 자신의 자리가 위협받을지도 모르는 일을 굳이 할 필요가 없었다.

그래서 도널드는 코모도 호텔의 운명권을 쥐고 있던 주코티에게 연결을 시켜줄 만한 사람을 찾던중 시 당국의 건축 관련 업무를 도와주고 있던 마이크 베일킨Mike Bailkin이라는 변호사를 알게 되었다. 그에게 코모도 호텔의 디자인을 보여주면서 이 건물이 지어지는게 얼마나 많은 의미를 내포하고 있는지를 설명하기 시작했다. 15년 동안이나 방치된 호텔이 전혀 새로운 모습으로 재탄생되어 42번가에 새로운 활력을 불어 넣어 줄 것이다. 그렇게 되면 뉴욕시 전체가 활기차게 돌아갈 수 있고 결국은 뉴욕이 여전히 비즈니스의 중심이라는 것을 나라 전체에 다시 한번 보여줄 수 있게 될 것이라고 말했다.

그리고 그 건물을 짓기 위해서 필요한 총 7천만 달러의 자금은 은행으로부터 대출을 받아 해결하겠지만 문제가 되는게 세금인데 왜 그런지를 조목조목 설명해 내려가기 시작했다. 호텔을 리모델링

해서 오픈을 하고 나면 연간 예상 수입이 9백만 달러이고 그 중 세금을 2백만 달러, 호텔 운영비로 2백만 달러 그리고 나머지 5백만 달러를 대출금의 이자로 내야하는데 대출금 7천만 달러의 대략적인 이자를 년 10%로 책정했을 때 7백만 달러가 되므로 결과적으로는 총수입에서 총지출을 빼면 2백만 달러의 적자가 이루어질 수밖에 없게된다. 그렇기 때문에 호텔의 경영이 정상화되어 수입이 더 많아질 때까지는 세금을 감면해줘야 한다라는 결론에 도달할 수 밖에 없다고 도널드는 주장했다. 장황하게 늘어놓았던 얘기의 결론은 결국 도널드의 유일한 관심사였던 세금 감면 문제로 귀결되도록 만들어진 시나리오에 따른 것이었다.

베일킨은 얼마 후 도널드에게 새로운 해결책을 제시한다. 코모도 호텔을 사들여서 뉴욕 도시개발공사UDC에게 1달러에 판 다음 다시 UDC로부터 그 호텔을 임대해서 계획을 추진하라는 방안을 제시했다. UDC는 당시 파산 상태에 있었기 때문에 제 역할을 하지 못하고 있었는데 베일킨은 UDC가 소유하는 자산은 비과세 혜택을 받을 수 있다는 사실과 지역 경제를 어떻게든 살리고 싶어하는 당국자들의 상황을 잘 알고 있었다. 그래서 호텔을 UDC의 소유로 하면 도널드는 세금에서 자유로워지고 또 동시에 밀려있는 모든 부동산 세금을 갚을 수 있을 때까지 도널드 측은 임대료만 내고 반면에 UDC는 임대료를 받아 재정에 여유가 생길 수 있는 일거양득의 묘안을 생각해냈다. 주거용 건축물에 대해서는 이것과 유사한 방법들이 행해지고 있었지만 상업용 시설에서는 처음으로 사용된 방법이었다.

베일킨은 그런 방식으로 세금 감면을 받게 되면 다른 건축업자들도 서로 달려들게 뻔하다고 생각했지만 어차피 한번은 부딪치고 넘어가야 할 문제라고 받아들였다. 다른 것들과 다르게 코모도 호텔은 단순한 호텔이 아닌 시에게 있어 중요한 의미를 띠는 개발이 될 것으로 믿어 의심치 않았으며 그 점을 시장과 관계 공무원들에게 강하게 어필했다. 시 당국 전체가 강력한 감사를 받고 있었기 때문에 코모도 호텔과 관련된 문제도 굉장히 예민한 문제로 받아들여져서 단 하나의 실수나 단 한사람도 의심할 여지가 없도록 깨끗하게 처리하라는 요청을 받았다.

도널드와 몇 달의 시간을 보내면서 베일킨은 도널드의 성격에 대해 호감은 가지 않지만 그래도 몇 가지 점에서는 인정할 수 밖에 없었다고 했다. "때로는 나를 교묘히 이용하는 사람처럼 보이기도 했는데 도널드는 언제 봐도 세일즈 맨 같았다. 그러면서 자신의 말이 틀리다고는 절대 생각하지 않았고 가끔 자신의 뜻대로 되지 않을 때는 시간이 지나면 그의 말이 결국은 옳았다는 걸 알게 될 것이라고 자신감을 보였습니다."라고 베일킨은 말했다.

투자자를 물색하다

디자인이 아무리 멋있다해도, 세금 감면을 아무리 크게 받는다고 해도 그리고 뛰어난 호텔 운영자를 구한다해도 도널드에게 돈 문제를 해결하지 않고는 모두 무용지물이나 마찬가지였다. 그 전에 먼저 해결해야 하는 문제가 일 잘하고 신뢰할 만한 대출 관련 브로커를 고용해야 하는 일이었다.

그래서 헨리 피어스Henry Pearce라는 인물을 고용했는데 그는 60대 후반에 머리가 희끗희끗한 신사였으며 뉴욕 시에서 여러 개의 대출을 전문으로 중개해주는 사무실을 가지고 있었으며 직원만해도 100명을 넘게 데리고 있었다.

헨리 피어스는 훗날 "도널드는 젊고 똑똑했지만 귀찮을 정도로 성가시게 하는 부분도 많았는데 42번가는 그 당시 별로 매력적이지 않았고 코모도 호텔은 최악이었다. 그런 저런 이유로 그곳에 투자하려는 사람들은 거의 없었다."라고 말했다. 그러던 중 이퀴터블 생명보험 회사Equitable Life Assurance Society에서 두둑한 자금력을 앞세워 호텔 투자에 관심을 보이고 있다는 정보를 접하고 그 곳 담당자와 연결을 취했다.

처음에는 시와 주 정부의 완전한 승인이 떨어지지 않은 상태였다는 점을 부담스러워 했으며 회사 내부적으로도 강한 반대에 부딪였다. 하지만 도널드와 에퀴터블 생명보험사의 담당자였던 빌 프렌츠Bill Frentz에게 계속적인 설득 작업을 했으며 마침내 주요 임원진들 앞에서 한시간 반동안의 프리젠테이션 시간을 가지게 되었다. 도널드의 프리젠테이션이 끝난 후 그 자리에서 바로 확답을 얻지 못한 채 그로부터 몇 달동안의 내부 검토가 계속되었다. 즉, 관심은 있었으면서도 최종 결론을 내리지 못하는 상태였다.

세금 감면 혜택을 손에 넣다

한편, 코모도 호텔은 계속적으로 늘어나는 적자로 골치가 아팠는데 갈수록 줄어드는 투숙객들로 적자폭이 2백만 달러를 상회하고 있었다. 또 지저분한 주변 환경에 대한 공사 비용과 호텔의 지하에 복잡하게 얽혀있는 전철 망과 철도 라인 등 모든 것들이 도날드의 생각처럼 쉽게 끝날 것같아 보이지 않았다. 특히 막대한 리모델링 비용을 우선적으로 구하지 못한다는 말이다.

그래서 1975년 12월 펜 센트럴의 매각 작업을 하고 있던 빅터 팔미에리Victor Palmieri는 도널드를 도와주기 위해 코모도 호텔이 지금처럼 계속 적자로 간다면 결국은 다음 해 6월 전에 문을 닫을 수 밖에 없다고 발표를 한다. 팔미에리가 말한 6월이라는 시점은 노조와 맺은 계약이 종결되는 시점을 말했다. 그래서 호텔 종업원들은 곳곳에 플랭카드를 걸고 데모를 하기 시작했다. 그러자 도널드가 요구했던 세금 감면 프로그램이 시에서 구체적으로 논의되기 시작했고 다른 호텔업자들은 불공정성과 특혜 시비를 운운하기 시작했다.

그리고 또 다른 불만으로 가득한 한 사람이 있었는데 마침 도시 개발공사UDC의 장으로 임명된 리차드 래비치Richard Ravitch였다. 그는 세금 감면 프로그램을 강하게 반대하면서 제동을 걸었다. 그래서 도널드와 그의 동료였던 루이스 선샤인이 그의 사무실을 찾아갔는데 그 자리에서 래비치는 모든 일들이 부도덕적인 로비를 통해 주지사를 앞세워 한 것이라고 강하게 비난했다. 선샤인은 그 얘기를 듣고 눈물을 보이며 밖으러 나가려고 했고 도널드는 래비치에게 화를 내면서 당장 주지사에게 전화를 걸어 당신을 해고시켜버리겠다고 으름장을 놓았다. 래비치도 그 두 사람에게 당장 방에서 나가라고 말했다.

래비치는 다른 두 명의 시 위원들과 함께 반대의 목소리를 크게 내고 있었는데 코모도 호텔 앞에서 기자 회견을 열어 세금 감면 혜택에 대해 재검토를 해야된다고 성토하기도 했다. 도널드는 그들의 말처럼 된다면 어떤 투자가라도 단 10센트조차 투자하지 않을 것이라고 맞받아쳤다.

하지만 얼마 후 별다른 어려움없이 도널드가 원하는데로 트럼프 오거니제이션이 코모도 호텔을 99년간 UDC로부터 임대해 사용한다는 최종 결정을 얻어냈다. 물론 래비치는 그 계약에 대해 계속 못마땅해 했지만 시와 주정부로부터 최종 결정이 나올 수 있도록 동조하라는 압박을 받아온터라 그도 더 이상은 어찌할 수 없었다. 마침내 도널드는 41년동안 세금 감면 혜택을 받게되고 공사를 시작할 수 있는 발판을 마련하게 된다.

DONALD
TRUMP

트럼프 타워

CHA. 04

$$$

1976년 늦은 봄 서른 살의 도널드는 아직도 가야할 길이 멀긴 하지만 어쨌든 부동산 개발 업자로서의 명함을 내밀수 있게 되었다. 신문마다 실리는 그의 기사와 뉴욕도시개발공사UDC의 전폭적인 지지가 있긴 했지만 아직까지는 코모도 호텔을 펜 센트럴로부터 완벽히 넘겨받지 못한 상태였고 하이야트 측과의 최종 계약 그리고 막대한 투자 비용에 대한 부분들을 계속 숙제로 떠안고 있었다. 그리고 각기 다른 9곳의 시 부처들과 협의를 벌여나가야 했는데 그 중에는 지역 주민 위원회, 도시 개발 계획국, 예산 위원회 등도 있었다.

무엇보다 투자를 받는게 시급했는데 생각대로 쉽게 투자를 받지 못하자 계속 힘들어했으며 그로인해 사기가 한풀 꺾

여 크게 낙담하고 있었다. 도널드가 기대를 하고 있었던 이쿼터블 사는 계속 쉽게 결정을 내리지 못하고 있었는데 마침내 이쿼터블 사로부터 투자 액이 대폭 삭감된 총 2,500만 달러를 투자하겠다는 연락을 받게된다. 그리고 모자라는 돈은 코모도 호텔 건너편에 자리잡고 있었던 바워리 저축 은행Bowery Savings Bank에서 자신들 바로 길 건너편에 있는 호텔이 문을 닫고 폐허로 변해버리면 어떤 파장이 올지에 대해 집중적으로 부각시켜 마침내 5천만 달러를 투자하도록 만들었다.

일반적인 부동산 개발 방식이라면 개발 비용을 은행으로부터 단기 대출을 받아 건물을 다 짓고 난 다음 바로 갚아야 했지만 도널드는 이쿼터블 사와 바워리 저축 은행으로부터 장기간 임대 수익으로 갚아나갈 수 있는 조건으로 투자를 받았다. 그게 가능할 수 있었던 이유는 하이야트 호텔의 제이 프리츠커 회장을 끌여들였기 때문이었다.

하이야트의 실 소유주였던 제이 프리츠커와 함께 한다는 것은 곧 도널드가 지으려는 호텔에 하이야트라는 이름을 내걸 수 있다는 것을 의미했으며 하이야트라는 높은 인지도는 굉장히 큰 메리트를 가질 수 있다는 점이 투자자들의 마음을 움직였다. 그래서 제이 프리츠커와 도널드의 아버지 프레드가 공동 보증을 서는 형태로 해서 대출을 받을 수 있게 되었다. 그리고 그 보증 계약서 안에는 하이야트가 뉴욕 시 안에 더 이상 다른 호텔을 오픈하지 않는다는 단서 조항이 들어가게끔 만들었다.

한편 시 당국은 코모도 호텔을 원형 그대로의 모습으로 가기를 원했지만 도널드는 뉴욕 시에서 가장 최고급 호텔이었던 월도프 아스토리아Waldorf-Astoria를 능가하는 호텔을 만들고 싶어했다. 물론 그렇게 되기 위해서는 엄청난 공사 비용이 들어가는 대대적인 리모델링 작업이 필요했다. 도널드의 아버지조차 도널드가 왜 그렇게까지 무리하면서 공사를 하려고 하는지 이해하지 못했지만 도널드의 눈에는 그런 아버지가 구시대의 건축업자로 보였을지도 모른다. 공사가 시작되면서 도널드의 아버지는 현장에 나가 공사장에서 잔뼈가 굵은 자신의 경험을 전수해주고 싶어했지만 비용을 한푼이라도 절감하는게 최우선이었던 그의 건설 공사 경험은 도널드가 지으려고 하는 건물에는 전혀 도움이 되지 못했다.

한편 도널드는 새벽부터 밤중까지 하루종일 곳곳을 돌아다니며 수많은 사람들을 만나면서 돌아다녔고 이동중에도 카폰을 끼고 살다시피 했다. 그의 직원들은 철거 공사가 한창이었던 난방도 안되고 비가 새기도 하는 그런 호텔 맨 꼭대기 층에서 일을 하고 있었다. 그들 모두는 그렇게 자신들의 일에 최선을 다하고 있었다.

도널드는 누가됐던 어떤 요구를 받게되면 그냥 순순히 받아들이기보다는 자신에게도 남는 장사가 되게끔 했는데, 도시 개발공사가 세금 감면의 혜택을 받았으니까 그 절감된 비용으로 그랜드 센트럴 터미널을 새롭게 단장시켜달라고 요구하자 도널드는 그 조건으로 역사 위에 TRUMP라는 명판을 달아달라고 했다. 자신이 노력한 공헌을 기념해달라는 뜻으로 말이다.

첫번 째 결혼과 이바나 트럼프

결혼에 대해 구체적으로 생각해봐야 할 나이인 서른이 되었지만 그의 야망과 노력은 도시 전체를 떠들썩하게 만들었던 거래를 성사시키는 것에만 매달리게 했기 때문에 여자에는 별다른 관심을 가지고 있지 않았던 것처럼 보였다. 데이트 상대와 멋진 리무진에서 내려 고급 레스트랑에서 전망이 제일 좋은 테이블에 앉아 저녁을 먹는 모습은 겉으로 보기에는 멋있어 보일지 모른다. 하지만 그런 데이트 자리에서도 그는 온통 맨하탄의 스카이라인을 바꾸어 놓겠다는 그의 야심찬 계획만 늘어 놓았기 때문에 네이트하는 게 아니라 비즈니스를 하는 자리처럼 바꿔놓기 일상이었다.

그러던 어느날 저녁, 자주 가던 바에 들렀다가 우연치 않게 몬트리올에서 온 늘씬한 미녀 모델들을 보게 되었는데 그 중에서 체코에서 캐나다로 망명한 이바나Ivana를 발견하게 된다. 1976년 몬트리올에서 열리는 올림픽을 기념하기 위한 패션 쇼에 모델로 참석하기 위해 뉴욕에 왔던 27살의 금발에 눈이 커다란 이바나를 보자 도널드는 한눈에 반하게 된다. 그날 저녁 도널드는 이바나와 그녀의 친구들에게 저녁을 대접했고 그 다음날 바로 그녀가 묵고 있던 호텔로 한다발의 장미꽃을 보냈다. 그리고는 몇 주후에 몬트리올로 직접 그녀를 찾아가기도 하고 맨하탄으로 그녀를 초대했다. 어딜가나 다른 사람들에게 그녀를 소개할 때면 "너무 눈부시게 아름답지 않습니까? 세상에서 이바나보다 더 아름다운 여자는 없을 것입니다." 라는 말을 자랑스럽게 얘기하곤 했다고 한다.

원래 스키 선수 출신이었던 이바나는 캐나다로 망명한 후 금발로 염색을 하고 모델을 하기 시작했다. 도널드가 그의 자서전에서는 이바나를 캐나다의 최고 모델 중 한명이었다라고 얘기를 했지만 실제로는 일류 모델이 되기에는 키가 좀 작았고 튀어나온 광대뼈 또한 치명적인 약점이었다. 그렇지만 운동으로 다져진 몸매와 자신감이 넘쳐나는 눈빛 그리고 미소는 사람들의 시선을 사로잡는 사진 모델로는 부족함이 없었다.

조숙아로 태어나 수시로 병원을 들락거리며 자라다가 엄격한 아버지의 손에 이끌려 스키 선수가 되었고 몇 번이나 다리가 부러지는 부상을 당한 후에 그만두었다. 그런 성장 과정 속에 얻게 되었는지는 몰라도 외모에서 풍기는 강한 자신감은 도널드가 자신과 쌍둥

이처럼 닮았다고 했던 점들 중 하나였다. 아마 이 두 사람이 가지고 있는 가장 커다란 공통점은 둘다 강하고 엄한 아버지 밑에서 자랐다는 것이다. 그 두 아버지 모두 사춘기에 생기는 반항심마져 용납을 하지 않았고 그래서 도널드의 아버지는 도널드를 군사 학교에 보냈으며 이바나의 아버지는 이바나를 정신차리게 한다고 학교를 그만두게 하고 자신이 엔지니어로 근무하고 있던 신발 공장에 취직을 시켜 몇 주간 일을 하게 하다가 다시 학교에 보냈다.

어린 나이부터 운동을 해서 그런지 몰라도 어쩌면 이바나에게 어울리는 결혼 상대자는 야망이 크고 승부욕이 넘치는 남자가 어울렸을지도 모르겠다. 나중에 이바나가 한 기자와의 인터뷰에서 "스키 슬로프를 활강하면서 내려오는 동안에는 조금만 부주의해도 목숨을 잃게 된다. 그래서 그런 위험한 순간들을 통해 내 자신이 믿을 수 없을 만큼 강해지는 계기가 되었다."라고 말했다. 어쨌든 그녀의 강한 승부욕에도 불구하고 체코에서는 최고의 스키 선수가 되기에는 실력이 부족했고 그로인해 체코가 아닌 다른 곳에서 자신이 최고의 주인공이 될 수 있는 기회를 잡으려고 캐나다로 왔던 것 같이다.

어쨌든 이바나는 도널드와는 또 다른 넘치는 에너지를 가졌었기 때문에 그 둘은 더 강한 유대감으로 연결될 수 있었다. 훗날 이바나는 "도널드와 내가 서로에게 더 강하게 끌린 것은 단순히 사랑이라는 감정 뿐만 아니라 서로에게서 비슷하게 넘쳐나는 에너지 때문이었던 것 같다."라고 말했다.

1977년 부활절 전날 두 사람은 맨하탄에 있는 한 교회에서 결혼식을 올렸는데 그전에 도널드의 절친한 파트너였던 로이 콘 변호사가 만약 두 사람이 이혼할 시에는 도널드에게 받았던 모든 것을 돌려준다는 것을 주된 내용으로 결혼 계약서를 작성해야 한다고 강하게 얘기해서 그것 때문에 도널드와 이바나는 꽤 오랫동안 설전을 벌이기도 했다고 한다.

도널드와 그의 아버지는 똑같이 서른 살의 나이에 미국 시민권자가 아닌 여자와 결혼을 했다는 점에서 너무 똑같았는데 자신도 아버지처럼 다섯 명의 자식을 가지고 싶다고 얘기했다. 그의 아버지와 다른 점이 있다면 모든 일을 잠시 접고 아카폴로로 신혼여행을 갔다라는 것인데 신혼 여행중에도 도널드는 계속 코모도 호텔 개발 현장이 잘돌아가고 있는지 확인하기 위해 수시로 전화 회의를 했다.

도널드는 아버지와 같은 결혼 생활을 하기를 원했지만 얼마 못가 그렇게 될 수 없음을 깨닫게 된다. 결혼 후 첫 아들을 낳고 집안 전통에 따라 도널드 존 트럼프 주니어라고 이름을 지었고 이바나는 각종 사회 활동에 참여하거나 집안을 꾸미고 사업가의 아내로서 남편인 도널드를 위해 내조를 하면서 나름 최선을 다하려고 노력을 했다.

하지만 여섯 살 때부터 운동 선수생활을 하면서 경쟁 속에 최고가 되어야 하는 환경에 길들여져 있던 그녀는 떠오르는 사업가의 아내로 집안에서만 지내는 것에 염증을 느끼기 시작했다. 그래서 공사 현장에 자주 모습을 나타내기 시작했고 결혼한지 2년이 채 안 되어 트럼프 가문의 사업에 참여하게 된다.

도널드처럼 이바나는 모르는 일에도 상당히 적극적으로 나섰는데 한 가지 다른 점이 있었다면 다른 사람의 말을 잘 귀담아들으려 하지 않았고 이름조차 외우려고 하지 않았다. 많은 현장 감독관들에게는 그녀가 굉장히 거만하고 오만해 보였고 무슨 일이 벌어지기라도 하면 바로 달려와 아무 권한도 없으면서 꼬치꼬치 따져묻기 일쑤여서 골칫거리같은 존재였다. 하지만 도널드에게는 그녀의 존재가 굉장히 큰 도움이 됐다. 회사에서 일어나는 모든 일을 알고 싶어하는 최고 경영자들처럼 도널드 역시 자신의 눈과 귀가 되어 어디서 무슨 일이 일어나고 있는지를 일일이 얘기해주는 사람이 절실히 필요했었다. 이바나가 그런 역할을 하고 있었기 때문에 마음 놓고 자리를 비우고 중요한 미팅에 참석하거나 다른 업무에 매달릴 수 있었다.

도널드가 의도적으로 그랬는지 아닌지는 확실치 않지만 아내인 이바나와 아버지인 프레드는 공사 현장에서 벌어진 일들에 대해 서로 경쟁적으로 알려주는 역할을 하고 있었다. 회사 밖에서는 이바나와 프레드는 보통의 시아버지와 며느리처럼 가족 행사에 대해 의논하기도 하고 종종 식사를 같이 하기도 했지만 회사 일이 관련되었을 때만큼은 둘 다 서로에 대해 못마땅해 했다. 특히 이바나는 수시로 도널드에게 온갖 불평을 늘어놓았고 때로는 말다툼으로까지 번지기도 했지만 그 때마다 도널드는 자신의 권위를 앞세워 잠재우기도 했다고 한다.

이바나의 열정을 인정한 도널드는 그녀를 인테리어 디자인 팀에 합류를 시켰고 일을 잘 해 나갈 것이라고 믿었다. 도널드와 이바나는 둘다 그랜드 하이야트 호텔을 좀 더 우아하고 세련되게 짓기를 원했으며 새로운 게 더 좋은 것이고, 최고가 더 좋은 것이고 그래서 그냥 일반적인 것 중에 평범한 하나로 만들기보다는 항상 최고가 될 수 있도록 짓고자 하는 공동의 목표가 있었다. 그래서 호텔 내, 외부에 수많은 대리석과 거울 그리고 호화로운 조명을 다는 것에도 의견을 같이 했다.

호화스럽고 거창하게 만들려고 했던 것은 단순히 도널드의 개인적인 취향 때문만은 아니고 사업적인 포석이 깔려 있었다. 호텔의 외관을 그대로 유지한 채 지으라는 압력을 받기도 했지만 도널드는 완전히 새 건물로 탈바꿈 시키길 원했다. 그래서 26층 짜리 호텔을 34층으로 높였고 그 안에 뉴욕에서 제일 큰 연회장을 만들기도 했으며 호텔의 모든 것이 마케팅에 이용될 수 있는 그런 멋진 이미지를 가지게끔 하려고 했다. 결국 도널드의 모든 계획은 대성공을 거두게 되는데 1980년 호텔 개장 후 예전 코모도 호텔일 때는 하룻 밤 숙박료를 아무리 싸게해도 오지 않던 사람들이 몇 배의 비용에도 아랑곳 하지 않고 호화스러운 호텔을 찾는 것을 주저하지 않았다. 도널드의 주장이 모두 옳았다는 것이 한순간에 입증되었을 뿐만 아니라 도널드 자신이 기대했던 것보다 더 큰 성공을 알리게 되었다.

최초 계획보다 훨씬 더 많이 들어간 공사 비용은 두배로 증가해 결국 총 1억 3천만 달러가 소요되어 문제가 발생하기도 했지만 아버지의 도움으로 별 문제없이 넘어갈 수 있었다. 또 무엇보다 뉴욕시의 경기가 살아나면서 호텔 투숙율이 증가하기 시작했고 1980년경에는 78%까지 이르게 되었다. 이런 경기 부흥의 중심은 맨하탄이었고 맨하탄의 중심에는 그랜드 하이야트가 뉴욕의 재건을 알리는 상징물로 자리잡게 되었다.

올림픽 타워를 모델로

그랜드 하이야트의 공사가 시작될 무렵 도널드는 프레드 트럼프의 아들에서 벗어나 자신만의 입지를 굳히기 위한 또 다른 프로젝트를 계획하고 있었다. 자신만의 방식으로 자신의 경력을 쌓아 나아가려고 하는 그런 프로젝트였는데 오랜 시간 아버지의 그늘 밑에서 많은 것을 배우고 도움받으며 지내왔지만 이제는 그런 수제자의 모습을 떨쳐버리고 싶어했다. 창고에서 시작해서 아파트 단지를 지어 성공한 아버지를 통해서 많은 것을 배웠고 그 배움 위에 도널드는 웅장하고 호화스러운 대리석과 화려한 인테리어를 얹었다. 또 무엇보다 눈에 보이지 않는 부분은 비용 절감을 하고 눈에 보이는 부분에 투자하는 법을 배웠다. 예를 들어 화장실 문의 두께는 1인치를 줄이거나 옷장안에 있는 연결 고리를 한 개씩 줄이거나 하는 법을 배웠다.

이렇게 아버지의 착실한 수제자였던 도널드는 이제 수제자의 자리에서 벗어나 최고의 자리에 올라가려고 하고 있었다. 아버지와 유대관계가 깊었던 브루클린의 정치가들에게 더 이상 힘을 빌리지 않는 대신 이제는 부와 권력을 행사하는 새로운 사람들과 자신만의 유대관계를 맺게 되었다. 은행 쪽의 사람들과 단단히 맺어진 유대관계는 곧, 더 이상 대출 문제로 골머리를 썩지 않아도 된다는 의미였고 맨하탄의 영향력있는 실세들과 어울리게 되었다는 뜻이었다.

코모도 호텔의 다음 프로젝트 컨셉은 아주 단순했는데 그것은 자신의 이름을 딴 커다란 빌딩을 하나 지어서 돈을 많이 벌겠다는게 전부였다. 그리고 경쟁 모델은 52층짜리 고급 빌딩이었던 올림픽 타워였다. 그 건물은 맨하탄에 주상 복합이라는 개념을 처음으로 도입했던 빌딩으로 상점들과 사무실 그리고 아파트가 한 건물 안에 모두 있었다.

뉴요커들에게는 올림픽 타워가 내부에 상점가와 카페 그리고 3층 높이의 폭포가 흐를 만큼 넓직한 내부 공간을 자랑하는 곳으로 알려져 있었다. 또 부동산 개발 업자들에게는 부동산 전문 변호사였던 제리 슈레이거Jerry Schrager와 샌디 린덴밤Sandy Lindenbaum이 올림픽 타워의 소유주였던 그리스의 선박왕 오나시스Arisotle Onassis에게 더 많은 수입을 안겨주기 위해 건축 관련 법규를 최대한 활용했다는 것으로 소문이 자자했다.

가장 골치 아픈 관련 법령 중 하나는 공중권(Air rights - 공중권은 타인의 소유에 관계되는 건물이나 구조물의 옥상 이상의 공간을 이용하는 권리를 말한다. 미국에서 발달한 토지 소유권의 범위를 확대한 권리 개념으로 미국 뉴욕시 등의 대도시에서는 철도시설, 저수지, 고속도로, 주차장, 하천 또는 부동산 상공의 공중권을 팔고 사서 주택, 상점 등을 건설하고 있다. 이 밖에 공중권의 개념에는 햇빛, 공기, 광고 가치 등의 보호를 목적으로 일정한 공중에 설정한 공간의 소유 권리도 포함된다)에 대한 것으로 맨하탄은 전체적으로 땅이 비좁있기에 공중권도 유용한 자산으로 인식되고 있었다. 그래서 건물을 높게 짓기 위해서는 인접한 건물주로부터 공중권을 사야 가능한 경우가 있었는데 올림픽 타워가 들어선 곳은 번화가에서 처음으로 그 모든 문제를 해결하고 지어진 큰 건물이었다.

최고의 부유층만을 타겟으로 지어진 건물이었기 때문에 층 수가 높아질수록 더 많은 수익을 보장받을 수 있었고 거기다가 새로운 택지를 개발해서 부가가치를 높이면 10년 동안 세금 감면의 혜택을 받을 수 있다는 점까지 100% 활용해서 여러모로 이윤을 남기고 있었다.

본위트 텔러 빌딩을 손에 넣다

성공으로 가는 길이라면 조금의 망설임도 없던 도널드에게 올림픽 타워는 여러모로 좋은 사업적 아이디어를 제공했다. 곧바로 올림픽 타워의 건축 허가를 받아냈던 두 명의 변호사를 고용하고 같은 투자자들과 협상을 하며 똑같은 주상 복합 형태의 건물을 짓겠다는 생각을 했다. 그리고 먼저 올림픽 타워와 똑같이 최상류층을 타겟으로 삼고 5번로 근처에 있던 본위트 텔러Bonwit Teller 빌딩에 눈독을 들인다.

하지만 올림픽 타워와 달리 풀어가야 할 난제들이 좀 많았는데 우선 본위트 빌딩은 토지를 30년간 임대해 건물을 세웠고 빌딩의 실 소유주는 여러 계열사를 거느린 제네스코Genesco 사였지만 건물을 팔 생각이 별로 없어보였다. 그러던 1978년 봄 제네스코에 새로운 대표가 부임하면서 회사의 이윤 창출에 별 도움이 안되는 자산은 모두 매각하려고 하자 도널드는 즉시 제네스코 사가 있던 네쉬빌로 필 울프Phil Wolf라는 동료와 함께 날아갔다. 비행기를 타고나서야 네쉬빌에 가는 이유를 설명들었다는 필 울프는 그랜드 하이야트 공사일을 하면서 도널드와 알고 지내는 사이가 되었는데 필 울프의 말에 의하면 도널드가 제네스코에 가서 미팅을 할 때 나이가 지긋해 보이고 점잖아 보이는 사람이 자기 옆에서 같이 얘기를 해주길 바래서 자신과 동행을 했던 것 같다고 말했다.

마침내 그해 11월에 제네스코 사는 도널드에게 자신들이 소유한 토지 임차권을 2천 5백만 달러에 매각한다는 결정을 내렸으며 6개월 내에 매각 대금을 지불한다는 계약을 맺었다. 하지만 주상 복합 건물을 짓기 위해서는 건물 뿐만 아니라 토지에 대한 실소유권도 가지고 있어야 했다. 때마침 그 토지의 실 소유주는 이퀴터블 생명 보험사였다. 이퀴터블 사는 그 토지를 임대해주고 은행 금리에 반도 안되는 수익을 올리고 있었기에 그 땅을 파는게 나을 것처럼 보였지만 회사 관리자는 그냥 시간이 지나서 도지 임대기간이 끝날 무렵쯤 땅 값이 오르면 그 때 팔아서 충분한 이익을 낼 수 있을 거라고 판단하고 별다른 움직임을 보이지 않고 있었다.

저돌적인 성격의 도널드는 바로 이퀴터블 사로 달려가 부동산 관련 업무의 최고 책임자였던 조지 피콕George Peacock을 만나 제네스코 사와 맺은 계약서를 내밀었다. 처음에 조지 피콕을 만나 새로운 프로젝트 얘기를 꺼냈을 때 토지 임대 문제가 해결되지 않으면 자신들은 아무것도 할 수 없다라고 하면서 부정적인 의견을 내어 놓았다. 하지만 도널드가 그 문제를 말끔히 처리하고 오자 관심을 가지기 시작했다. 때마침 뉴욕의 부동산 시장이 꿈틀거리면서 이퀴터블 사도 단순하게 땅만 소유하기보다는 건물 자산도 넓혀가려는 생각이 있었기에 도널드와 함께 공동 투자 형식을 빌어 그 프로젝트에 참여를 하기로 결정한다. 조지 피콕은 처음에 도널드가 이퀴터블이라는 회사의 이름이 아닌 자신의 이름을 건물에 붙이겠다고 했을 때 의아하게 생각했지만 훗날 그 모든게 트럼프라는 브랜드 이미지를 만들어가려는 치밀한 계획의 일부였음을 알게 되었다. 그리고 그런 계획은 결국에 세계에서 가장 유명한 사람 중 한사람으로 도널드를 만드는데 크게 일조를 하게된다.

그랜드 하이야트와 달리 본위트 빌딩이 있던 자리에 트럼프 타워를 지을 때 필요한 공사 비용은 큰 문제가 되지 못했다. 그랜드 하이야트의 막대한 공사 비용으로 골머리를 앓고 있을 때 아버지의 도움으로 대출을 받을 수 있었던 체이스 맨하탄 은행에서 간단히 해결할 수 있었기 때문이다.

한편 도널드는 단조로워 보이는 올림픽 타워와는 근본적으로 다른 외관을 가지는 빌딩을 짓고 싶어했는데 그러기 위해서는 본위트 텔러 빌딩 옆에 있던 티파니의 공중권을 사야만 했다. 그래서 도널드는 티파니의 회장이었던 월터 호빙Walter Hoving을 만나 티파니가 소유하고 있던 공중권을 사들였다. 그리고 5층에 있는 발코니를 별 쓸모는 없지만 공원 형태로 만들면 건물을 더 높이 지을 수 있다는 사실을 발견하고 티파니의 공중권과 공원을 활용한 고층 건물의 디자인 작업에 들어간다. 그래서 건물의 외관이 마치 톱니 바퀴의 모습처럼 총 28면으로 된 최종 설계안을 내어놓는다. 물론 그 설계도는 시 당국의 건축 관련 법령을 모두 무시하고 만들어진 것이지만 건물 내부에서 바라보는 전망만큼은 최고였다.

그러한 설계도는 곧 도널드에게는 시 당국과 지루하고 성가신 설득 작업을 벌여나가야 하는 것을 의미했는데 모든 사람들의 예상대로 도시 계획 위원회에서는 그러한 빌딩을 지을 수 없다는 답변서를 보내왔다. 그러자 도널드는 설계팀에게 시 당국에서 요구하는 법 규정을 그대로 따르는 건축 설계도를 만들라고 했는데 그건 누가봐도 볼 품없는 건물의 디자인이었다. 위원회 사람들에게 두가지 설계도면을 비교해보라고 하면서 끝없는 설득 작업을 했다. 특히 시에서는 본위트의 매장이 계속 뉴욕에 있기를 바랬기 때문에 그렇게 되려면 도널드가 처음에 내밀었던 설계도대로 건축이 되어야 한다는 점을 중점적으로 부각시켰다. 그래서 결국 울며 겨자먹기로 시에서는 28면으로 된 건축물을 짓겠다는 도널드의 신청을 받아들이게 된다.

　1979년 12월에 드디어 본위트 텔러 빌딩에 대한 철거 작업이 시작됐다. 도널드는 철거 허가를 받기도 전에 폴란드 이민자였던 한 남자에게 총책임을 맡겼는데 그는 유리창 닦이 일을 하고 있었던 사람으로 철거 작업을 해본 경험이 한 번도 없었던 사람이었다. 그런 사람에게 일을 맡긴 이유는 노조에 대부분 가입하지 않았던 폴란드 출신의 불법 체류자들을 고용해서 최저의 임금을 주고 부려먹을 수 있었다는 점 때문이었다. 그래서 6개월 동안 거의 200명에 가까운 불법 노동자를 고용해서 안전 모자도 씌우지 않은 채 목숨을 담보로 하루에 12시간에서 18시간 씩 일주일 내내 일을 시켰다. 또 그 사람들은 허름한 집에서 단체로 숙식을 해결하거나 근처 싸구려 모텔에서 지내기도 했으며 일부는 자신들이 허물고 있는 건물 한 켠에서 지내기도 했다. 열악한 환경과 쥐꼬리만큼의 돈을 받으면서도 그들은 도널드가 원하는 일들을 해나갔다.

본위트 빌딩의 철거 작업에 있었던 에피소드

　본위트 텔러 빌딩의 외관 벽에는 작품성있는 두 개의 아르데코 양식의 조형물이 있었다. 철거 작업이 들어간지 3개월 후에 뉴욕 타임즈는 부동산 기사 면에 도널드가 그 작품을 메트로폴리탄 미술관에 기증할 것이라는 기사를 실었다. 하지만 벽에서 그 조형물을 떼어내서 조각물들을 각각 분리해내는 것은 어려운일이 아니었지만 그런 작업을 하기위해서는 많은 비용과 시간이 들어가야 하는 복잡한 문제가 있었다.

얼마 후 타임 지에서는 본위트 텔러 빌딩에 있는 조형물들이 산산조각으로 박살나서 더 이상의 작품 가치를 지닐 수 없게 되었다는 내용으로 기사를 전했다. 미술관 관계자들은 기증하기로 약속받았던 작품이 깨져버렸다는 사실에 황당해하면서 예술품의 가치보다는 공사 지연으로 인해 받게되는 손해액에만 급급해 하는 도널드의 태도를 비난했다. 훗날 도널드는 그 작품의 이전 비용에 들어가는 돈은 아무것도 아니라고 했다. 왜냐하면 그것보다 훨씬 더 많은 돈을 미술협회에 기부하고 있었기 때문에 하지만 그 조형물들 때문에 보행자들이 다치지나 않을까 걱정되서 그런 것이었다고 해명했다. 그리고 여담으로 그런 기사 거리가 트럼프 타워의 구매자들을 오히려 더 끌어들이는 계기가 되었다고 했다.

어쨌든 그 당시 도널드는 자신이 처음 생각했던 것보다 시간도 많이 걸리고 비용도 더 많이 들게 되자 미술품을 기부하겠다던 계획을 뒤엎었고 미술관 관계자들에게 대해 미안하다는 말 한마디 없이 오히려 그들을 맹렬히 비난했다. 사실을 놓고 보면 자신은 미술관

측과 정식으로 계약서를 작성한게 아니기 때문에 약속을 일방적으로 지키지 않았다라고 볼 수도 없고 또 그 조형물이 정말 파괴되어서는 안될 만큼의 가치가 있는 것이라고는 보지 않는다라고 말했다.

훗날 도널드는 그의 자서전에서 그 때의 일에 대해 정중한 사과의 뜻을 밝혔고 진심으로 후회하고 있다고 밝혔다. 하지만 도널드를 싫어하는 사람들은 여전히 그를 위선적이고 거짓말을 잘하는 사람으로 생각하고 있다. 어쨌든 그의 마음 속에서는 코모도 호텔에 있던 기념물들이나 본위트에 있던 기념물들을 간직하고픈 생각은 없어보였다. 오래되고 쓸모가 없어보이면 그냥 없애버리고 웅장하고 이윤이 많이 남는 것만 추구하는 사람처럼 보였다.

그리고 그렇게 무모한 행동을 했었던 또 다른 이유는 아마 그 조형물의 해체 작업이 벌어지게 되면 모든 언론의 시선이 집중될 것이고 그렇게 되면 철거 현장에서 고용하고 있었던 불법 체류자들이 주목을 받게될지도 모른다는 생각도 있었을 것이다. 그리고 코모도 호텔을 전면 리모델링하겠다고 했을 때 들고 일어났던 반대자들의 목소리가 다시금 커지게 되는 것을 미리 방지하고자 하는 이유도 있었던 것 같았다.

하지만 무엇보다 더 큰 문제는 조형물의 해체 작업으로 인해 공사 기간이 늦춰지면 세금 감면 혜택을 받지 못하게 될까봐라는 불안감이 크게 작용했었다. 원래 뉴욕 시의 경기 부양책으로 만들어졌던 세금 감면 조항이 시의 재정 상태가 좋아지게 되면서 도널드가 지으려고 하는 최고급 주상 복합 건물에까지 해당되면 안된다는 반대의 목소리가 생기기 시작했었다. 그래서 도널드는 가능하면 하루라도 빨리 철거 작업을 마친 후 세금 감면 신청 작업을 진행하려고 했었다. 그런데 조형물 해체 작업으로 인해 시간을 낭비하게 되면 얼마 안되는 해체 비용이 문제가 아니라 최소 2천 5백만달러의 부가세를 내야 할지도 모르는 상황에 직면하게 될 수도 있었다.

세금 감면을 받아내다

1981년 도널드는 마침내 세금 감면 신청서를 제출하게 되었고 얼마 안있어 특별 감사를 받게 된다는 정보를 입수하자마자 전에 했던 것처럼 주지사와의 연줄을 이용하려고 움직였다. 하지만 이번 프로젝트는 주 정부에서 관여할만한 일이 아니었고 당시의 시장이었던 에드 코크Ed Koch도 주관이 확실했던 사람으로 쉽게 휘둘릴만한 사람도 아니었다. 그리고 무엇보다 아버지인 프레드와 친한 사이도 아니었다. 더구나 에드 코크 시장은 도널드처럼 정면 승부를 통해 일을 풀어나가는 것을 좋아하는 스타일이었는데 트럼프 오거니제이션과도 사이가 썩 좋지 않은 편이었다.

결국 시로부터 최종적으로 세금 감면 신청을 받아들일 수 없다는 통보를 받게 되자 도널드와 이퀴터블 사는 시와 담당 책임자였던 토니 글리드만Tony Gliedman을 상대로 소송을 제기한다. 도널드와 이퀴터블 측의 변호인단은 오래된 백화점 건물을 허물고 새로운 고층 빌딩을 짓는데 있어 시에서 세금 감면 신청을 거부할 이유가 전혀 없다는 점을 내세웠고 뉴욕시의 변호인단은 뉴욕에서 가장 비싼 건물에 그런 세금 감면을 해주는 것은 법의 근본 취지와 어긋날뿐더러 오히려 법을 악용하려고 한다는 점을 내새워 반대 소송을 냈다.

그 소송은 3년을 끌었고 고등법원에까지 올라가게 되었다. 그 시점에서 도널드의 변호인단을 이끌고 있던 로이 콘은 시측의 변호사를 만나 원만한 타결점을 찾고자 했지만 그마저 실패로 돌아갔다. 하지만 1984년 7월 마침내 법원은 도널드의 손을 들어줬고 뉴욕 시는 터무니없는 판결이라고 불만을 터뜨렸다. 도널드는 뉴욕을 위해 매우 올바른 결정이었다고 말하면서 후에 토니 글리드만을 자신의 직원으로 채용하기까지 했다.

형의 죽음

이미 부러울 게 없는 부유한 집안이었지만 도널드는 더 큰 부와 명성을 트럼프 가문에 안겨줬다. 도널드가 승승장구하며 하늘높이 올라가고 있을 때 반대로 그의 형 프레디는 한없이 추락하고 있었다. 파일럿이 되고 싶다는 꿈도 실패로 돌아가고 한 때는 낚시배 선장으로 지내기도 하다가 결국은 부모님이 사는 집으로 돌아와 아버지의 일을 돕게된다. 하지만 아버지에게서 받는 중압감을 견디지 못하고 알콜 중독에 빠져 술에 의지해 살다가 1981년 10월 42세의 나이로 프레디는 알콜 중독에 의한 심장병으로 죽게된다. 스스로 목숨을 끊는 것과 별반 다를바 없는 죽음이었다. 도널드는 한동안 형의 죽음으로 애통해 했으며 그 후로 어쩌면 형이 아버지한테 혼나는 게 무엇 때문인지를 보면서 그로인해 자신은 아버지에게 인정받는 지름길을 터득할 수 있었던 혜택을 받고 자랐다는 사실에 어느 정도 양심의 가책을 받았을지도 모르겠다.

최고 중의 최고

한편 트럼프 타워Trump Tower의 경쟁 빌딩이 저가 정책으로 마케팅을 펼쳤지만 도널드는 크게 개의치 않았다. 오히려 트럼프 타워가 뉴욕시에서 가장 비싼 아파트가 될 것이라고 좋아했고 화려함의 극치를 달리는 거대한 높이의 인공 폭포를 만들자는 생각을 내어놓앉다. 트럼프 타워는 가장 비싼 곳에 산다는 자부심을 입주자들에게 준다는 계획을 가지고 있었고 다른 건물에 사는 것과는 질부터 다르다는 인식을 심어주어 누구나 트럼프 타워에서 살고 싶다라는 말들이 나오게 하고 싶어했다. 도널드가 항상 귀가 따갑게 말해왔던 "최고 중의 최고"라는 도널드의 생각이 고스란히 트럼프 타워에 심어진 것이다.

최고를 만들기 위해 도널드는 욕실 장식품을 고르기 위해 도시 곳곳을 누비고 다녔고 회의실에는 각종 타일 샘플로 뒤덮여 있기도 했으며 문고리 하나를 가지고도 수많은 회의를 거치기도 했다. 그리고 그의 아내 이바나는 도어맨의 유니폼 하나를 디자인하기 위해 런던을 오가기도 했다. 홍보용으로 만든 모형물에서 옆에 있던 GM 빌딩보다 트럼프 타워가 작아보이자 도널드는 GM 빌딩의 크기를 줄이라고 하기도 했다.

도널드의 설계팀을 이끌고 있던 데르 스쿠트가 세련되어 보이는 화려한 빛깔의 대리석을 사용해 고급스런 이미지를 한층 더 높이자고 제안을 하자 이바나가 최상품의 대리석을 구하기 위해 이탈리아 채석장까지 날아갔다. 그 당시 둘째 아이인 이반카를 임신한지 7개월이나 되었었는데 그 몸으로 사다리를 타고 채석장을 오르락 내리락하기도 했다. 그렇게 어렵사리 구해온 대리석 중 상태가 조금이라도 좋지 않으면 도널드는 버리라고 지시를 내렸는데 훗날 자신이 직접 이탈리아의 산 전체를 돌아다니며 어렵사리 구해왔다고 떠벌렸고 심지어는 전 세계 공급량을 모두 여기에 쏟아부었다고 말했다. 그리고 오픈 전 날에는 중앙 홀에 심어져 있던 값비싼 나무들이 대리석을 가린다는 이유로 다 잘라버리라고 지시를 내릴만큼 대리석에 유난히 집착을 보였다.

상점들이 있는 아케이드에는 사방을 거울로 덮었고 대리석이 깔려있었으며 작은 나이아가라 폭포를 연상시키는 인공 폭포가 있었다. 귀금속을 파는 고급 부티크들이 상점의 대부분을 차지했고 턱시도를 말끔하게 차려입은 피아노 연주자가 쇼핑객들을 위해 세레나데를 연주하도록 했다.

트럼프 타워가 완공되기 전부터 뉴욕에서 최고로 높은 가격으로 거래가 이루어지기 시작했는데 하루가 다르게 분양가가 하늘 높은 줄 모르고 치솟고 있었다. 구매자들은 프랭크 시나트라의 '뉴욕 뉴욕'을 들으면서 트럼프 타워 홍보 프리젠테이션에 흠뻑 빠져 유례가 없던 총 분양가의 25%를 계약금으로 먼저 내놓는 것조차 마다하지 않았다. 입주까지 1년 이상을 기다려야했음에도 불구하고 말이다. 그 당시 신문의 가십란에는 자니 카슨, 스티븐 스필버그 등이 트럼프 타워에 입주할 예정이라는 기사가 실리기도 했는데 찰스 황태자와 다이아나 황태자비도 계약을 했다는 소문에 대해서는 노코멘트로 일관해 사람들의 시선을 더 끌게 만드는 요소로 활용하기도 했다. 기대를 훨씬 뛰어넘는 시장의 반응은 건물이 다 지어지기도 전에 걷어 들인 아파트 분양 대금으로 공사 비용을 충당할 수 있었다. 분양가가 워낙 높았기 때문에 전체 가구수의 60%만 팔려도 손익 분기점은 맞출 수 있었다.

또 트럼프 타워 안에 입주한 상가들은 뉴욕에서 가장 비싼 임대료를 내야 했지만 그에 반해서 그곳에 오는 사람들은 대부분 구경꾼들 뿐이어서 장사가 되지 않을 수 있다는 우려의 목소리가 들려왔다. 그러자 도널드는 트럼프 타워에 판매점을 가지고 있지 않다면 그 브랜드는 뉴욕에 있을 필요가 없다라는 말을 하기도 했으며 실제로 일부 상점은 판매보다 제품의 광고, 홍보용으로 운영되기도 했다.

트럼프 타워의 꼭대기 층은 구매자들에게 가장 인기가 많았지만 도널드는 그 곳을 자신만의 왕궁으로 만들었다. 꼭대기 3개 층을 모두 도널드가 사용했는데 그 안에는 운동장만큼 넓은 거실에서 탁 트인 전경을 바라볼수 있게 하였고 작은 폭포와 천장에는 프레스코 벽화로 치장을 하기도 했다. 식당은 2개 층 높이로 되어 있고 의자부터 기둥과 수도꼭지까지 금박으로 치장을 했다고 한다.

제일 밑에 층에 있는 상점부터 제일 꼭대기 층의 펜트하우스까지 트럼프 타워에 있는 모든 것들은 도널드의 존재를 알리는 거대한 광고판과 같았다. 그처럼 도널드를 위해서는 모든 일들이 순조롭게 진행되고 있었지만 사업 파트너였던 이퀴터블 사는 별로 만족스러운 결과를 얻지 못하고 있었다. 뉴욕 지사에 새로 부임해 온 이퀴터블의 투자 담당자는 "우리는 수익을 창출하려고 이 일을 시작한 것이지 도널드의 들러리를 서기 위해 한 것은 아니다."라고 얘기했으며 빌딩이 완공되고 아파트가 다 분양되고 상가도 임대가 다 되자 이퀴터블 사는 자신들이 가지고 있던 지분을 팔고 트럼프 타워에서 빠지고 싶어했다. 돈을 목적으로 혼인 서약을 한 신혼 부부에게 서서히 이혼의 그림자가 다가온 것과 같은 형국이었다.

이퀴터블 사는 트럼프 타워를 시장에 내놓자고 주장했지만 도널드는 강력하게 반대를 했으며 결국 이퀴터블 사가 가지고 있는 지분을 사라는 제안을 받게된다. 그래서 결국 빌딩이 완공된지 3년 후에 이퀴터블 사는 최초 투자금의 378%를 걷어들이고 떠나게 되고 도널드는 트럼프 타워를 영원히 자신만의 것으로 소유할 수 있는 길을 만들게 된다.

도널드의 아버지는 자식의 성공을 대견스럽게 생각하기도 했지만 한편으로는 여러 곳에서 자신과 생각이 다른 도널드를 이해하지 못했다. 네모 반듯한 아파트를 지어 돈과 명예를 거머쥔 그로써는 아들이 톱니바퀴처럼 생긴 트럼프 타워를 짓는다는 것도 그랬고 임대가 안되는 빈 상점에 싸구려 옷가게라도 입주를 시켜 한 푼의 임대료라도 더 챙기는게 옳다고 생각한 자신과 달리 아들은 그런 싸

구려 제품을 취급하는 상점이 들어오는 것은 자신이 추구하는 상류
층을 대상으로 하는 마케팅에 도움이 안된다며 차라리 그냥 가게를
비워두는 게 낫다고 생각하는 것도 역시 이해하지 못했다.

트럼프 타워를 방문했을 때 도널드의 아버지는 값비싼 유리가
높게 둘러진 것을 보고는 도널드에게 "왜 이렇게 쓸데없이 유리를
쓰는지 모르겠다. 4~5개 층만 쓰고 나머지는 벽돌을 써라. 그 높이
이상은 아무도 보지않아."라고 훈계를 했다고 한다. 그리고 사람들
의 시선을 끌기 위해 밤새도록 빌딩의 조명을 휘황찬란하게 켜놓는
것도 한푼이라도 아끼기 위해 밤새 돌아다니며 전기불이 켜져있지
나 않는지를 살펴보는게 습관이 되었던 그에게는 정말 받아들이기
힘든 부분이었다. 그러면서 서서히 자신이 더 이상 도널드에게 별
도움이 되지 않는다는 사실을 받아들이기 시작했을지도 모른다.

또 다른 트럼프의 빌딩들

도널드의 이름을 빛내주던 건물은 58번가의 그랜드 하이야트 호
텔과 5번가의 트럼프 타워가 전부가 아니었다. 트럼프 타워의 공사
가 한창 진행중일 때 도널드는 또 다른 고급 빌딩을 지을 부지를 이
스트 사이드에서 물색하고 있었으며 차후에 트럼프 플라자Trump

Plaza로 불리게되는 건물을 짓는다. 그리고 센트럴 파크 사우스 100번지에 트럼프 파크Trump Park를 만들게 된다. 그 건물은 처음에 기존 거주자들과 많은 문제가 있어 기존 건물을 다 헐고 새롭게 지으려고 했던 최초의 계획이 물거품으로 돌아가고 결국은 임대 전용 건물로 리모델링해서 트럼프 파크라는 이름을 가지게 된다. 하지만 부동산 가격이 급등하면서 건물을 헐고 새로 짓는 대신 리모델링만 하는 것이 결국은 도널드에게 더 큰 이윤을 안겨주게 된다.

도널드는 더 이상 애송이가 아니었고 자신이 한 일을 자랑스럽게 열거할 수 있는 위치에 오르게 되었고 뉴욕의 부동산 업계에서 진정한 승자가 되었다. 하지만 그와 반대로 도널드는 약속을 잘 깨는 사람으로, 기술적인 파괴자로, 거주자를 몰아내는 집주인으로, 불법 노동자의 착취인의 모습을 가지기도 했다. 1970년 대 중반 뉴욕 타임즈에 처음으로 도널드의 기사가 실렸을 때는 말이 너무 빠른 약점을 비꼬는 듯한 내용이 전부였지만 이제는 같은 신문에서 가장 인기가 없을 법한 갑부로 언급을 했고 또 다른 신문들에서는 속물스런 졸부 혹은 걸핏하면 회부터 내는 사람으로 묘사했다.

한마디로 뉴욕에서 가장 영향력있는 사람 중 한사람이 되었다는 것을 의미했고 더 이상 아버지의 보호를 받아야 하는 입장에서 벗어나 자신만의 왕국을 건설하기 시작했다는 것을 의미했다.

DONALD TRUMP

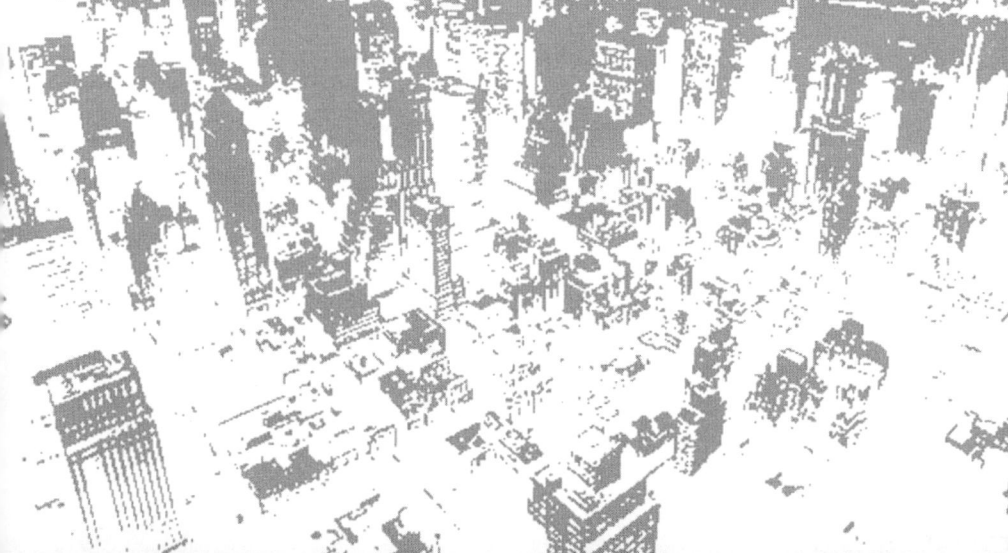

아틀랜틱 시티의 카지노

$ $ $

　도널드는 부동산 개발자로서 자리를 잡기위해서 부단한 노력을 했던 것만큼이나 대중적으로 자신의 이미지를 널리 알리기 위해서도 열심이었다. 자신의 일거수 일투족이 뉴스에 나오게 만들기 위해 각종 기자 회견장마다 얼굴을 내밀었고 심지어 그 자신을 기사거리로 만들기도 했다. 맨하탄의 상류 인사들이 모이는 클럽에 처음 갔을 때처럼 더 이상 어리숙한 젊은이가 아니었고 이제는 그 클럽에서 가장 주목받는 사람이 되고 싶어했으며 모든 사람들이 자기를 쳐다봐주기를 원했다.
　항상 전형적인 미국의 영업맨들과 같은 정장 차림을 입고, 다니고 가는 곳마다 자신과 자신이 했던 일들이 가장 최고이며 가장 빛나고 가장 위대하다고 주장했다. 트럼프 타워는 티파니가 있던 위치보다 입지가 더 나빴지만 성공적으로 만들었고 그랜드 하이야트 호텔은 단순한 호텔이 아닌 믿기 힘들 정도의 위대한 건물이라고 말했다. 또 뉴욕 매거진과의 인터뷰에서는 지난 7년동안 자기가 이루어냈던 일보다 더 큰 일을 해낸 사람은 없다라고 자신 있게 밝혔다.

어쨌든 그런 다소 과장된 말들이 결실로 맺어지기 시작하는데 1983년 가을에는 한 잡지에 도널드와 이바나에 대한 소개 기사가 전면을 장식하기도 하고 같은 해 피플지에서는 그 해의 비즈니스맨으로 선정되기도 했으며 다음 해 봄에는 뉴욕 타임 매거진 표지에 '뻗어가는 도널드 트럼프 왕국' 이라는 제목과 함께 사진이 실리기도 했다.

뉴욕에서 부동산 개발 업자가 명성을 얻기란 힘든 일이었다. 도널드의 아버지처럼 일반적인 부동산 개발 업자들은 자신의 공사와 관련된 얘기만 할 뿐 자신들에 대한 얘깃거리를 기사화되게 할 수는 없었다. 또 일반적으로 사람들은 땅 주인이니 집주인들을 싫어 했기 때문에 더 기사화하기 힘들었다.

하지만 도널드에게 만큼은 그 모든게 예외처럼 보였다. 그의 측근에 따르면 길거리에서 만난 사람이나 택시 기사 등 모든 사람들이 도널드를 가까이 보고 싶어했으며 반갑게 악수를 청하곤 했다고 한다. 그런 도널드가 뉴욕 뿐만 아니라 전국적으로 이름을 알리게 된 계기는 공교롭게도 첫 번째로 경험하게 되는 사업상 실패작 때문이었다.

미식축구팀의 구단주가 되다

트럼프 타워가 완공된 후 얼마 지나지 않아 도널드는 미식축구의 2부 리그 격에 해당했던 USFL(United States Football League) 소속이었던 뉴저지 제너럴스라는 미식축구 팀을 9백만 달러에 인수하게 된다(공식적으로는 6백만 달러였다고 실제보다 줄여서 발표했다).

미국 내에서 가장 많은 스포츠 팬을 확보하고 있었던 프로 미식축구 리그인 NFL(National Football League)이 겨울 동안 주로 경기가 열렸기 때문에 USFL은 NFL과의 정면 충돌을 피하기 위해 NFL의 시즌이 끝나고 난 후인 봄에 주로 경기가 열렸다. NFL에 비해 인기가 없었던 점을 감안해 비교적 연봉이 싼 선수들을 영입해 틈새 시장을 파고드는 전략을 폈다.

도널드는 이런 USFL의 전반적인 상황이 마음에 안들었는지 NFL에 정면으로 도전하기로 마음을 먹는다. 팀을 인수하자마자 USFL의 경기 시즌을 NFL과 같이 겨울로 옮기자는 주장을 하면서 지명도가 높은 선수들을 비싼 값에 영입을 하기 시작한다. 도널드 의 전체적인 구상은 뉴욕에 거대한 구장을 짓고 그 구장에 자신의 이름을 붙이고 뉴저지 제너럴스를 홈팀으로 만들어서 끌고 가겠다 는 것이었다. 그렇게 하기 위해서는 먼저 전국적으로 지명도가 높 은 선수를 영입해서 관중을 끌어 모으고 비싼 값에 중계권료를 받 아내야 했다.

사실 NFL 소속인 팀을 인수해서 한다면 더 쉽게 이루어질수도 있는 계획이었지만 그러기 위해서는 약 7천만 달러 이상이 필요했 기 때문에 도널드는 비교적 적은 돈을 들여 방송국과의 중계권료 협상만 잘된다면 모든 게 수월하게 풀릴 것으로 기대했다. 그리고 그 계획에는 최종적으로 NFL을 독점 금지법 위반으로 법정으로 끌 어들이겠다는 내용도 포함되어 있었다.

그래서 1984년 NFL을 상대로 13억 2천만 달러의 손해배상 청 구 소송을 벌이기 시작했고 맨하탄에 있는 연방 법원에서 심리가 시작되었다. 최종 판결에서 배심원들은 NFL이 약간의 경제적인 손 실을 USFL에게 입혔다는 짐이 입증되있으므로 그 손해 배싱엑으 로 단돈 1달러만 지급하라는 명령이 떨어졌다. 도널드는 상징적인 승리일 뿐 실제적으로 패배나 다름없는 소송의 결과를 쉽게 받아들 이지 못했다. 그의 자서전에서도 말했듯이 자신의 주장에 문제가 있어서 그런게 아니고 배심원들이 자신이 내세운 명백한 증거와 막

강한 변호인단을 상대해야 하는 NFL에 대한 동정심 때문에 잘못된 판결을 내리는 행동을 했었던 점도 어느 정도 공감되는 말이었다.

어쨌든 그 일로 해서 도널드는 거의 모든 지면에 이름이 났는데 그 중에서도 사람들이 가장 많이 읽는 스포츠 지면의 단골 주인공이 될 수 있었다. 신문 기사에서는 저돌적인, 거만한, 너무 우스꽝스러운, 직선적인 말투로 사람들을 깜짝 놀라게 하는 재주를 가진 사람 등과 같은 수식어가 그의 이름 앞에 항상 따라나오곤 했다.

카지노 사업에 눈을 돌리다

미식축구 팀의 구단주가 된 것은 도널드 자신이 평소 원했던 것처럼 미디어의 주목을 받을 수 있었지만 그에게 무엇보다 필요했던 것은 돈이었다. 평소 사치스러운 생활 스타일과 과시욕이 심했던 도널드에게 있어 무엇보다 필요한 것은 마르지 않는 돈줄이었다. 아버지의 재산에 크게 의존하면서 지낼 수 밖에 없었던 그에게 아버지와의 관계도 소원해지기 시작하면서 완전한 독립을 해야 했으며 그러기 위해서는 빠른 시일 내에 원활한 자금 조달처가 필요했다.

그러던 중 도널드는 150개의 호텔 체인을 가지고 있던 힐튼이 전체 순 수입의 약 삼분의 일을 라스베가스에 있는 두 개의 카지노 호텔에서 벌어들인다는 사실을 보고 카지노에 눈을 돌리게 만들었다. 그리고 그 생각은 곧바로 미국 내에서 두 번째로 도박이 합법화되려는 움직임을 보이고 있던 아틀랜틱 시티를 떠올리게 만들었다.

아틀랜틱 시티에 첫발을 내딛다

아틀랜틱 시티에서 도박을 합법화하기 위한 시민 투표가 진행되기 바로 전부터 도널드는 카지노를 지을 마땅한 부지를 찾기 시작했다. 해안가의 전망 좋은 곳에 자리잡은 리조트들이 성공할 확률이 높다는 사실에 착안해 아틀랜틱 시티에서 그런 조건에 부합되는 부지가 있는지를 주안점으로 해서 잦던숭 고속노로와 주요 시내 도로의 교차로 근처에 있는 안성맞춤의 땅을 발견하게 된다. 하지만 그 당시 아틀랜틱 시티의 땅 값이 하늘 높게 치솟고 있던 중이라 부동산 중개 업자들은 다른 땅을 사는게 낫다고 했다. 또 그 땅은 소유권이 너무 복잡하게 얽혀있어서 그걸 해결하는 게 너무 어렵다고 충고했다. 그리고 그 근처에는 이미 4개의 카지노 호텔이 있었고 공사중인 곳만 다섯 군데라고 말했지만 도널드는 부동산 중개 업자에게 그 곳이 가장 좋은 입지 조건을 가지고 있기 때문에 아틀랜틱 시티에서 자신이 원하는 땅은 바로 그곳뿐이라고 강하게 얘기했다.

도널드는 주로 큰 땅 덩어리를 소유하고 있던 거물들과 만나 땅을 자신에게 팔라고 말하고 다녔고 도널드와 함께 일했던 그 지방 부동산 중개업자는 코딱지만한 땅을 가지고 있던 주민들을 상대로 땅을 사들이는 작업을 했다. 그 중개업자의 말에 따르면 시세보다 높은 가격을 제시했지만 그 곳에 거주하는 사람들에게 있어 그 땅은 전부나 마찬가지였기 때문에 쉽게 팔려고 하지 않았다고 한다.

그 중개업자는 또한 도널드가 말할 때 굉장히 직선적으로 똑 부러지게 말하는 사람이었으며 그런 성격 때문에 같이 일하기 편했다고 했다. 하지만 어느 때나 격식을 차린 정장을 입고 나타나는 그가 이상하게 보이기도 했다고 한다. 찌는 듯한 어느 여름날에 해변가 부지를 보러다닐 때도 도널드는 검은색 정장에 구두와 빨간 넥타이를 매고 돌아다녔다고 한다. 그래서 도널드에게 이런 날은 좀 편하게 입고 오지 그랬냐고 했더니 도널드는 "난 여기 비즈니스 때문에 내려 왔고 뉴욕에서는 비즈니스 할 때 이런 옷을 입는게 정상이다."라고 했다고 한다.

아틀랜틱 시티에서 새로운 일을 시작하려고 할 때 도널드의 동생인 로버트가 옆에서 같이 도와줬었는데 도널드처럼 키가 크고 파란 눈에 금발의 비슷한 외모였지만 성격만큼은 전혀 달랐다. 부드러운 말투와 겸손한 성격의 로버트는 보스턴 대학교를 졸업하고 가업과는 상관없이 투자사에서 자신의 길을 가고 있었다. 하지만 도널드는 아틀랜틱 시티에서 일을 진행할 때 자신을 대신해서 대표성을 띠고 일을 할 사람이 필요했으며 무엇보다 자신을 믿고 따르는 충성도가 높은 사람이 필요했다. 그래서 결국 그 일을 로버트에게 맡기기로 결정한 것이다.

로버트는 생각보다 일을 훨씬 잘 처리했는데 어렸을 때부터 아버지의 공사 현장이 놀이터였기에 금방 적응할 수 있었고 투자가로서 일을 했었기에 숫자와 관련된 일도 꼼꼼히 마무리 할 수 있기 때문이었다.

1980년 7월 중순에서야 그 부지위에 있던 모든 땅 소유권을 손에 넣게 되었다. 워낙 많은 땅 소유주들 때문에 계약서를 작성하는데도 24시간 이상을 100명이 넘는 관계자들이 모여 일을 마무리 지을 수 있었고 그 중에는 도널드의 아버지도 있었다. 개인적으로는 도널드가 새롭게 하려는 일이 내키지 않았겠지만 남들 앞에서만큼은 아들이 자신을 필요로 할 때는 언제든지 아들의 편에 서곤했다. 그곳에 있었던 이유노 노널드의 아버지가 제이스 은행과 기지고 있던 두터운 신용을 담보로 보증인으로 내세우려고 했던 것이다.

도널드는 아버지로부터 정치권과 친밀한 관계를 가지는게 얼마나 중요한지 배웠기 때문에 뉴욕에서 했던 것처럼 아틀랜틱 시티에서도 그렇게 행동했다. 그래서 아무리 작고 별도움 안되는 청문회라도 밑에 직원을 보내지 않고 자신이나 동생이 직접 참석을 했고 최대한 공손하게 경의를 표하는 자세를 취하면서 임했다.

마침내 도널드는 자신이 원하는 것을 손에 넣을 수 있게 되었고 재정난에 빠진 아틀랜틱 시티에 백마탄 왕자처럼 나타나 카지노를 세워 절망으로부터 구해내려고 하는 듯이 보였다. 처음에 도널드가 카지노 사업을 하겠다고 신청을 했을 때 아틀랜틱 시티의 관계자들은 카지노 경험이 전혀 없는 그를 신뢰하기 힘들다고 말했고 또 한편으로는 뉴욕에서 온 부동산 갑부가 불경기에 빠진 시 전체에 새로운 활력소를 몰고 올 수 있지 않을까라고 기대를 하기도 했다. 하지만 무엇보다 그 당시 아틀랜틱 시티의 카지노 사업에 뛰어들었던 다른 많은 사람들에 비해 도널드는 법정에서 유죄 판결을 받은 적이 없었고 범죄 조직과 연관된 전력도 없었기 때문에 까다롭기로 유명했던 아틀랜틱 시티의 카지노 사업 허가권을 무사히 따낼 수 있었다.

홀리데이 인을 끌어들이다

아틀랜틱 시티에서 카지노 리조트를 운영하려고 했던 업체들은 대부분 카지노 사업 허가를 받기 전부터 공사를 진행하고 직원을 채용해서 일을 미리 진행했지만 도널드는 허가 문제와 자금 문제가 해결되기 전에는 아무 것도 하지 못했다. 허가는 둘째치더라도 투자사나 은행권에서 도박 사업에 대출을 해준다는 것은 굉장히 위험 요소가 많이 따르는 일이었기에 모두 꺼려했기 때문이다. 거기다 도널드가 카지노나 호텔 모두 실제로 운영해 본 경험이 없었기 때문에 투자자들에게는 더 큰 위험 부담이 도사리고 있는 상황이었다.

그런 상황에서 그나마 도널드의 명성을 앞세워 금융 기관으로부터 구걸하다시피 해 3백만에서 5백만 달러의 턱없이 부족한 투자금을 받아냈다. 하지만 전체적으로 들어가야 하는 공사 비용에는 한참 못미쳤다.

그러던 1982년 6월 어느날 한 남자가 도널드에게 구원의 손길을 내밀었는데 그 남자는 홀리데이 인Holiday Inns의 최고 경영자였던 마이크 로즈Mike Rose였다. 홀리데이 인은 이미 아틀랜틱 시티에 하라즈Harrah's라는 카지노를 가지고 있었고 그곳은 가장 짭짤한 수입을 올리는 카지노 중 하나였다. 마침 해안가 노로 근처에 새로운 카지노를 세울려고 하고 있었던 참에 도널드가 최상의 부지를 가지고 있었고 허가권까지 따낸 상태였지만 카지노에 대해서는 문외한이었던 도널드에게 동업을 하자는 제의를 하려고 찾아왔던 것이다.

도널드가 하라즈에게 무시를 당했던 적도 있었지만 지금은 한보

따리의 선물 꾸러미를 들고 나타난 산타클러스였다. 마이크 로즈는 5천만 달러를 투자하겠다고 했는데 그 정도면 도널드가 지금까지 카지노 사업을 하기 위해 쏟아부었던 대출금을 모두 상환하고도 남는 금액이었다. 게다가 계획된 예산안을 안정적으로 집행해서 계획된 시간 안에 카지노장을 완성하기만 하면 홀리데이인이 카지노를 운영하면서 향후 5년동안 발생하는 손실액은 전부 홀리데이인이 부담하고 반대로 수익이 발생하면 서로 나누어 가지는 조건을 제시했다. 처음부터 자금적인 문제로 카지노 사업이 물거품이 되어버릴지도 모르는 상황에 직면하고 있었던 도널드는 덥썩 그 제안을 받아들이지 않고 동업자가 정말로 필요한지 좀 더 생각해볼 수 있는 시간을 달라고 했다. 그자리에 같이 있었던 직원들도 마이크 로즈가 정말로 원하는게 무엇인지 혹시 다른 꿍꿍이가 있었던 것은 아닌지 의아하게 생각했지만 결국은 마이크 로즈의 제안을 받아들이기로 결정한다.

마이크 로즈는 자신들이 가진 카지노 운영 경험과 도널드가 가진 건설에 대한 경력이 합쳐진다면 별로 어려울게 없어보인다고 생각했던 것 같은데 도널드가 우려했던 부분들이 머지않아 현실화되기 시작했다. 주주들을 위해 수입을 창출해야 하는 자리에 있었던 마이크 로즈와 자기 자신을 위해 돈을 벌어야 했던 도널드사이의 근본적인 시각 차이는 동업자로서 첫발을 내딛는 순간부터 차츰 벌어지기 시작했다.

도널드와 마이크 로즈 둘다 뉴저지 주에서 도박 사업이 합법화 되면 황금을 손에 넣을 수 있는 절호의 기회라고 생각했으며 아틀랜틱 시티에서 리조트를 지을 수 있는 부지를 찾는데 몰두 했었다. 하지만 마이크 로즈는 체계적인 의사 결정 과정을 거쳐서 홀리데이 인이 도박 사업에 뛰어드는게 자신들의 이미지와 사업 전반에 어떤 영향을 미칠지를 놓고 분석을 하고 그 보고서를 바탕으로 천천히 단계를 밟아나가면서 진행을 했다.

그와 다르게 도널드에게는 그 어떤 보고서도, 분석 작업도, 법적인 문제를 검토하는 변호사도 없었다. 단지 있었던 것이라고는 도널드 그 자신 뿐이었다. 누군가 도널드에게 아틀랜틱 시티에서 사업을 벌이기 전에 마케팅 자료들이나 하다 못해 메모장에 써놓은 생각이라도 있었는지 물어보자 도널드는 "거기에 다 있어. 내게 필요한 건 그 땅 위에 다 있어."라고 답했다.

로즈와 도널드는 근본적으로 행동하는 방식이 다를뿐더러 시장에 대한 관점조차 달랐다. 마이크 로즈는 지속적이고 안정적인 수입 창출을 원했기 때문에 중산층과 중년을 대상으로 카지노를 운영하고 싶어했고 도널드는 반대로 상류층 사람들이나 도박장에서 크게 한몫 벌고 싶어하는 사람들을 대상으로 큰 판을 벌일 수 있게 운영하고 싶어했다.

카지노가 오픈된 다음에는 둘의 관계는 더 냉랭해졌다. 한번은 도널드가 중요한 사람들이 올 경우를 대비해서 캐딜락 리무진을 구입하자고 하자 마이크 로즈 측에서 보낸 카지노 운영 책임자가 차를 사면 기사도 고용해야 하고 여러모로 비용이 많이 발생해서 순수입만 감소되니까 차라리 렌트를 해서 그때마다 쓰자고 얘기했다. 그렇게 둘은 사사건건 모든 일에 언쟁만 서로 높아지기 시작했고 특히 도널드는 괜한 시간 낭비만 하다가 허송세월한다고 생각했다.

도널드가 비난 받을 만한 일을 한 것도 있다. 그의 자서전에서도 밝혔던 얘기인데 마이크 로즈가 파트너 계약을 맺기 전에 홀리데이 인 사의 중역들을 아틀랜틱 시티의 공사 현장으로 보내 현장 답사를 시켰던 적이 있었다. 그 때 도널드는 그 사람들에게 빠른 시간 내에 완공할 수 있는 능력이 있는 것처럼 꾸미기 위해 수많은 불도저를 동원해 공사장에서 분주히 왔다갔다 하면서 일하는 척만 하라고 지시한 적이 있었다. 그리고는 홀리데이 인과의 파트너 계약 후에는 마이크 로즈 측의 여러 가지 요구 사항을 묵살했다. 예를 들어 엘리베이터를 좀 더 추가하자는 등의 요구처럼 추가 공사비가 들어가면 자신의 몫으로 할당된 공사 수수료가 줄어들까봐 철저히 외면했다.

반면에 마이크 로즈 측 사람들은 카지노에 있어서만큼은 자기네들이 더 많이 아니까 자기네 말을 무조건 들어야 한다고 하면서 도널드 측 사람들을 밑에 사람 대하듯이 함부로 행동해서 일을 더 꼬이게 만들었다. 그리고 회사 로고를 만들 때도 'Harrah's Boardwalk Casino-Hotel at Trump Plaza' 라는 식으로 자기네들의 이름이 더 부각되게 했다. 도널드가 그것을 처음보고는 광분해서 뉴저지 제너럴스 팀의 구단주가 되면서 전국적으로 자신을 모르는 사람이 없을 정도가 되었지만 Harrah's라는 이름은 태반이 모르는데 어떻게 로고를 그런 식으로 하느냐고 따져서 결국은 트럼프 플라자Trump Plaza로 카지노 호텔 이름을 짓기로 했다. 어쨌든 완공이 가까워지기 시작하면서부터 그 둘은 서로 다른 속셈을 가지고 있었던 것 같았다.

그런 일들이 있은지 1년도 채 못돼 둘 사이가 완전히 멀어지는 결정적인 계기가 생긴다. 힐튼 호텔에서 3억 2천만 달러를 들여 새롭게 오픈하려고 했던 카지노 호텔이 완공 시점을 3개월 앞두고 시로부터 카지노 허가권을 따내지 못하는 그런 전혀 예상치 못했던 일이 벌어졌다. 시에서는 힐튼 호텔에서 고용했던 변호사의 불미스러운 전력을 문제 삼아 허가권을 내어줄 수 없다고 발표했지만 실제 이유는 지금은 힐튼의 실 소유주가 된 베런 힐튼Barron Hilton이 카지노 허가 심의 위원회 사람들에게 굉장히 거만하고 뻣뻣하게 굴었기 때문이었다. 홀리데이 인측과 아무런 상의도 없이 도널드는 곧바로 힐튼 측이 지어놓은 카지노를 사기위해 협상을 벌였는데 마침 힐튼이 지어놓은 카지노는 홀리데이 인이 아틀랜틱 시티에 처음으로 세웠던 카지노 바로 옆에 있었다.

배런 힐튼도 그 당시에는 자신의 아버지이자 힐튼 호텔의 창업자인 콘래드 힐튼 밑에서 경영 수업을 받고 있었기 때문에 많은 부분에서 자유롭지 못한 상태였고 거기다가 새롭게 시작한 일이 계속 꼬이고 있었다. 결정적으로 아틀랜틱 시티에 발이 묶여 이러지도 저러지도 못하는 상태였다. 처음에는 도널드의 제안에 대해 망설였지만 제 3자가 힐튼에 대한 경영권을 장악하기 위한 음모를 시작했다는 정보를 입수하고 그에 대응하기 위해서는 막대한 자금이 필요했기 때문에 도널드의 제안을 전폭적으로 수용하게 된다.

도널드에게 남은 문제는 3억 2천만 달러라는 엄청난 돈을 구하는 일이었다. 그가 그런 돈을 구할 수 있는 곳은 뉴욕에 있는 은행들 뿐이었지만 그들은 계속 도박 사업에 돈을 빌려주는 것을 탐탁치 않게 생각하고 있었다. 하지만 그랜드 하이야트 공사 대금을 도널드에게 대출해줬었던 매뉴팩츄어 하노버Manufactures Hanover 은행에 베런 힐튼을 데리고 나타나자 모든 일이 쉽게 해결되었다.

홀리데이 인 소유의 하라즈 카지노 책임자들은 자신들의 바로 옆에 그것도 다른 사람이 아닌 도널드가 경쟁 업체의 주인이 된다는 사실을 알고 분노했다. 트럼프 플라자가 문을 연지 꼭 1년 만에 도널드가 뒤에서 총을 겨누고 있었다는 사실을 알게 되었고 새로

문을 연 카지노 이름이 트럼프 캐슬Trump Catsle이라는 것을 알게 되었다. 그 이름은 자신들의 동업자로 있는 트럼프 플라자Trump Plaza와 같은 이름이 들어갔기 때문에 트럼프란 단어를 쓰지 못하도록 소송을 냈지만 그것도 무위로 돌아갔다.

이렇게 도널드에게는 모든게 술술 풀려나갔지만 마이크 로즈에게는 악몽같은 상황이 이어졌다. 한 회사의 실무 책임자로서 주주들에게 책임을 져야하는 위치에 있었던 마이크 로즈는 책임을 져야 할 주주도 없었고 그럴 필요도 없던 도널드와 맞서 싸운다는게 힘들다는 사실을 알았고 또 한번도 주주들에게 나쁜 평판을 들어본적 없었던 그로서는 더 힘든 일이었다. 정해진 원칙대로 일을 해나가는 그와는 반대로 도널드는 원칙을 지키는 스타일이 아니었고 대중들 앞에서 싸우기 좋아하고, 동업자를 진흙구덩이로 밀어넣는 것을 좋아했고 그리고 무엇보다 항상 이기는 것을 좋아했던 사람이었다. 결국 마이클 로즈는 도널드에게 홀리데이 인이 소유하고 있던 트럼프 플라자의 지분을 모두 팔고 빠져나오게 된다.

동업자들을 몰아내다

동업으로 시작한 카지노가 문을 연지 2년 만에 도널드는 동업자를 몰아내고 트럼프 플라자의 유일한 주인이 되었으며 트럼프 캐슬까지 해서 아틀랜틱 시티에서 모두 두 개의 카지노 주인이 되었다. 두 군데의 카지노에서는 매 달 3천만 달러의 수입을 올렸고 그것은 전체 시장의 19%에 해당하는 것이었다. 그리고 아틀랜틱 시티에서 가장 영향력있는 위치에 올라서는 계기가 되었다.

그리고 얼마 후 기업 사냥을 하기 시작했다. 그의 첫 번째 목표물은 홀리데이 인이었다. 그 회사의 주식을 사들이면서 경영권을 넘보고 있다는 헛소문을 퍼뜨리기 시작했다. 막대한 카지노 자산을 운영하면서 자금 동원력이 막강해진 도널드의 입에서 경영권 참여라는 말이 나왔다는 것은 곧바로 주식 시장으로 스며들어 주가가 엄청나게 뛰어오르게 만들었다. 주가가 오를만큼 오르자 도널드는 망설임없이 그동안 사들였던 홀리데이 인의 주식을 팔아치우고 엄청난 주가 차익을 남길 수 있게 해주었다. 실제로 도널드는 자신이 가진 홀리데이 인의 주식을 처분해 약 천 2백 6십만 달러의 이득을 챙겼다. 도널드가 얻은 것은 그뿐만이 아니었다. 도널드의 그런 허위 정보 때문에 홀리데이 인에서는 26억 달러의 정크 본드(신용등급이 낮은 기업이 발행하는 고위험·고수익 채권)를 끌어들여 자금을 마련했고 그로 인해 막대한 부채를 떠안아 결국은 도널드의 최대 경쟁 카지노였던 하라즈 마리나 카지노까지 덩달아 자금난에 시달리게 만들었다.

그런 방식으로 아주 쉽게 이득을 챙겨 신이 난 도널드는 똑같은 방법으로 밸리스Bally's의 주식을 사들이고 홀리데이 인처럼 결국은 막대한 부채위에 앉게 만들었다. 이번 경우에는 밸리스 호텔을 이용해 또 다른 카지노 호텔을 소유하려는 목적이 있었지만 뜻대로 되지않자 자신이 가지고 있는 밸리스의 주식을 밸리스에게 되팔아 천 5백만 달러를 벌어들였고 아틀랜틱 시티에서 또 다른 경쟁 카지노를 자금난에 빠지게 만들었다.

나중에 미국 연방거래위원회는 도널드를 주가 조작혐의로 기소를 해서 결국 도널드가 75만 달러를 반환했다. 한편에서 조용히 숨죽여 도널드가 벌이고 있었던 일들을 바라보고 있던 아틀랜틱 시의 카지노 심의 위원회는 카지노 운영자 간의 인수 합병의 움직임을 어떻게든 막아보려고 했지만 워낙 은밀히 일어나는 일이고 안다하더라도 자신들이 할 수 있는 게 별로 없다는 사실을 경험하는 계기가 되었다. 그리고 또 한가지 중요한 사실은 카지노 산업이 정크 본드의 유입으로 인해 얼마나 쉽게 무너질 수 있는지 그 심각성을 경고하는 계기가 되었다. 아틀랜틱 시티의 카지노들은 눈앞에 보이는 현금만을 쫓다가 결국은 빚더미에 앉는 사업으로 변질되기 시작했다. 도널드도 처음엔 엄청난 돈을 벌었지만 나중에는 벌어들이는 것보다 더 큰 빚더미 위에 앉게 되고 그로부터 몇 년 후 다른 카지노들과 같이 파산 위기의 상황에 빠지게 된다.

일하는 스타일

도널드는 성공했으니까 이젠 쉬어야지라는 생각은 절대 하지 않았다. 오히려 더 열심히 일했다. 무슨 일이든 일을 끝내고 나면 바로 다음 번 일을 찾으러 다녔다. 하루종일 일에 대한 생각만 했으며 아무 것도 하지 않고 시간을 무의미하게 보낸다는 것을 용납하지 못했다. 그런 반면 관심없는 일에는 눈길 한번 주지 않아서 그런 일에 직면하면 쉽게 지루해했고 별로 관심없는 말을 상대방이 하면 몸뚱아리만 그 사람 앞에 있지 정신은 완전히 다른 데 가 있는 모습을 보이곤 했다.

하루종일 회사에 있다가 저녁때 집으로 돌아가서는 한 뭉치의 서류들을 가지고 서재로 들어가 검토를 했다. 도널드의 누나인 매리앤은 "내 동생은 절대 쉬는 일이 없어요. 사람들은 편하게 TV를 보다가 문득 딴생각을 할 때도 있겠지만 도널드나 아버지는 항상 어디에 있든 일 생각뿐이었어요."라고 말했다. 도널드와 그의 아버지 모두에게 인생은 거래를 성사시키는 것이었고 언제나 긴장의 연속으로 바쁘게 살아가고 있었다.

도널드는 또 잠도 별로 없었고 자신과 일하는 사람들은 24시간 자신과 같이 해야 한다고 생각을 했다. 그래서 새벽에도 수시로 직원에게 전화를 걸어 아이디어나 문제점들을 얘기하곤 했다.

트럼프 오거니제이션 사의 임원 중 한명은 도널드가 갑자기 새벽에 전화를 해서는 "나 지금 막 공사 현장에 왔는데 무슨 일 없는지 살펴보려고 말이야."라고 말하면서 공사장이 어지럽혀져 있는 날이면 새벽 회의를 소집해서 직원들을 호되게 나무라기도 했다고 한다. 도널드를 만나기 전까지 자신이 세상에서 가장 예민하고, 흥분을 잘하고, 최고의 완벽주의자라고 생각했던 사람들도 도널드를 한번 만나고 나면 자신은 아직 한참 멀었구나라는 생각이 들 정도였다고 한다.

트럼프 오거니제이션 사에서 가장 바쁘게 돌아가는 곳의 중심에는 항상 도널드가 있었고 항상 직원들에게 온 힘을 다 쏟아부으라고 하면서 몰아쳤다. 회사 내의 중요한 사안들은 각 부분의 최고 책임자들과 얘기를 했는데 그 수는 기껏해야 열 명도 안되었고 그들에게 실질적인 권한도 주지 않았다. 모든 서류를 직접 챙기고, 검토하고, 각자 해야 할 일을 알려주고 아버지가 그랬던 것처럼 언제, 어디서나 전화로 일일이 업무를 챙겼다.

도널드에게 정형화된 사업 계획서나 개발 전략은 없었고 대신 도널드의 머릿속에서 그때마다 떠오른 아이디어를 가지고 계산기를 두드려본 후 일을 시작할테니 준비하라고 말하는 게 다였다.

도널드의 사무실에 들어가기 전에 직원들은 항상 비서실 앞에서 도널드의 현재 기분이 어떤지를 물어봤고 그때마다 비서진들은 파란불, 빨간불, 노란불로 도널드의 기분 상태를 알려주곤 했다고 한다. 하지만 파란불이 들어온 상태라고 해서 마냥 안심하고 들어갈 수만은 없었다고 한다. 직원들이 일을 못했다고 생각이 들거나 아니면 너무 앞서갔다고 생각이 들면 도널드는 순식간에 화산이 폭발하듯이 고함을 치면서 게으르고 무능력한 사람으로 몰아부쳤다고 했다. 그리고 도널드는 자신의 최측근 중 한 사람을 앞장세워 그 사람으로 하여금 다른 임원진들을 닦달하게 만들거나 선동시켰다고 한다. 도널드와 함께 일했던 사람 중 한 사람은 도널드가 자신에게 결재를 받기 위해 서로 싸우고 으르렁 거리는 분위기가 되어야 일을 더 열심히 한다고 생각하는 것처럼 보였다고 말했다.

도널드는 어떤 일이든 시작부터 거의 모든 일을 직접 관리했는데 크게 세 가지의 공통점이 있었다. 첫 번째는 꽃미남 배우와 같은 매력을 발산하는 사람으로 비추어지길 원했고 두 번째는 어떤 일이든 정면 승부를 해서 맞서 싸우는 것을 좋아하는 사람들을 자신의 측근으로 고용하는 것이었고 마지막 세 번째는 그의 곁에서 일하는 사람 중 상당 부분을 여성으로 채워 넣는 것이었다.

남자들이 대부분의 기득권을 차지하고 있던 세상에서 자신들의 가치를 더 높이기 위해 그 여직원들은 다른 직원들보다 더 열심히 일했다. 도널드와 여직원들 사이에는 어떤 불미스러운 관계도 일어나지 않았고 단순히 고용주와 고용인 사이로 더 저돌적이고, 승부욕이 뛰어나고, 강하게 밀어붙이는 방식으로 일을 했다. 도널드가 자신의 주위에 남자보다는 여자들을 더 많이 두고 일을 한 이유는 아마도 위에 언급한 이유뿐만 아니라 남자 직원보다는 여자 직원에게 권위적이고 독선적으로 행동하기가 더 쉬워서 그랬을 수도 있다.

도널드에게 순종적인 모습만 보이던 다른 여자들과 달리 딱 두 명이 그렇게 하지 않았는데 그 중 한명은 루이즈 선샤인이었다. 회사 중역 중 한 사람이었던 그녀는 트럼프 플라자에 5%의 지분을 가지고 있었기 때문에 매년 트럼프 플라자의 수입 중 지분에 해당하는 만큼을 받고 있었다. 그러다가 1985년 말 갑자기 회사를 그만 두었는데 도널드는 회사에 있는 다른 여자 임원과 사이가 좋지 않아서 서로 싸우다가 지쳐서 스스로 그만두었다고 했다. 하지만 루이즈 선샤인은 회사를 그만둔 이유를 다르게 말했다. 그녀에게 어느 날 트럼프 플라자의 지분에 대한 세금으로 백만달러를 내라고 도널드가 말하면서 낼 돈이 없으면 그녀가 가지고 있는 지분을 자기에게 팔아서 내라고 했다고 한다. 결국 법정 소송까지 사세되있고 신샤인이 승소를 해서 2백 7십만 달러를 받아내게 된다. 세금을 내고도 남을 만큼 더 많은 비용을 받아낸 셈이 되었다.

또 다른 한명은 이바나였다. 이바나는 솔직히 그런 예외에 해당하는 여자라고 정확히 말하기는 어렵다. 도널드와 같이 이바나도 수많은 일을 동시에 처리해 나가면서 끝도 보이지 않는 일더미에 파묻혀 살고 있었다. 출장에서 돌아오자마자 전화를 받고 다시 나가는 도널드를 위해 여행 가방을 다시 싸고 특히 집안 청소에 무엇보다 더 신경을 쓰며 살았다.

도널드는 가능하면 다른 사람들과 악수하는 것조차 하지 않으려고 했고 조금만 더러워도 못참는 결벽증 환자처럼 보였는데 아마 아버지의 꼼꼼한 성격과 군사 학교에서의 생활 때문에 나이가 들어서도 자신의 주위는 항상 청결해야 한다는 강박관념을 가지고 있었던 것 같다. 그래서 그런지 이바나도 비슷하게 괴팍스러워져서 카페트 위를 누군가 조금만 밟고 돌아다니면 바로 진공 청소기를 들어야 했고, 침대 시트는 매일 갈아야 했고 손님들이 신고 온 신발 때문에 대리석 바닥에 흠집이 생길까봐 신발을 갈아 신게 했다.

이바나는 집안 일뿐만 아니라 자녀 교육도 잘해나갔는데 셋째 아이인 에릭을 가졌을 때는 출산 바로 직전까지 일을 했으며 그것도 도널드의 일에 방해가 될까봐 분만 유도제를 맞고 금요일 밤늦게 애를 낳을 수 있게 출산 시간을 조절했다. 도니, 에릭, 이반카 세 아이를 각각의 성격에 맞게 교육과 운동을 시켰고 보모들로 하여금 지켜보게 했다. 학교 행사에는 보모들이 항상 자리를 지켰고 할로윈 파티의 가장 행렬은 트럼프 타워에 있는 도널드의 사무실을 돌게 했다.

이바나는 안주인으로서의 역할을 훌륭히 해내기 위해 집안일을 맡아보는 사람들의 개인사까지 일일이 챙겼고 집에서 파티라도 열리는 날에는 손님들의 사전 정보를 알아내어 어떤 말이든 자연스럽게 나눌 수 있는 분위기를 만들려고 노력했다. 어떤 경우에든 이바나는 자신이 해야하는 안주인의 역할을 100% 소화해냈다. 자신의 집에서 저녁 식사 대접이 있는 날에 도널드는 자신이 원하는 쪽으로 계약이 이루어지자마자 사라졌지만 이바나는 남아있는 사람들을 위해 친절한 안주인의 모습을 늦은 시간까지 보이고 사람들과의 관계를 돈독히 해가면서 인맥을 착실히 넓혀나가고 있었다.

그러나 시간이 흐를수록 그녀의 노력들은 헛된 것처럼 보이기 시작했다. 도널드와 이바나는 점점 새로운 위기에 직면하게 되는데 그 둘은 서로에게 회사나 집에서 호흡이 너무 잘맞는 천생연분처럼 보였지만 실제로는 그렇지 않다는 것을 서로가 느끼게 된다. 왜냐하면 둘은 서로를 돕는 사이가 아니라 두 사람 모두 똑같이 승자가 되고 싶어 하는 성격을 가졌다는 게 문제였다. 처음 어느 정도는 그런 성격이 서로를 더 강하게 연결시켜주기도 했지만 결국 두 사람은 각자에게 서로 넘을 수 없는 장애물이 되었다. 둘 중에 일등은 한 사람만 할 수 있는데 둘 다 일등을 하려고 하니 힘들어 질 수밖에 없었다.

상대가 누구던간에 도널드는 항상 이기려고 했고 앞장서 나가려고 했다. 도널드의 마지막 라이벌은 그의 아버지였으며 아버지에게 적개심을 품은 오디푸스 콤플렉스를 가진 사람처럼 보이기까지 했다. 도널드는 어떤 일을 하든지 아버지에게 인정을 받고 싶어했으며 깊은 인상을 심어주고 싶어했다.

때로는 그런 도널드의 승부욕이 도를 지나쳐서 일곱 살짜리 조카와 야구를 하면서 더 빠르게 던지라고 소리를 치고 더 빨리 뛰라고 소리를 지르면서 결국에는 조카의 머리에 공을 던지기도 하면서 울리기까지 했다고 한다. 그리고 또 한 번은 70대 중반쯤 된 동생인 로버트의 장인되는 사람과 함께 골프를 치면서 그 노인이 볼을 벙커에 빠트리자 그 안으로 들어가 볼을 안보이게 파묻어버렸다고 한다.

그의 누나는 "도널드는 매사를 사람들과 싸우면서 거래를 하는 것을 좋아했고 상대방이 자신에게 칭찬하는 것을 매우 좋아했어요. 단순히 대단하다라는 말보다는 '세상에서 가장 최고이다' 라는 식으로 얘기를 듣는 걸 좋아했어요."라고 말했다. 아마 이바나가 도널드와 함께 살면서 이런 말을 평생할 수 있었다면 그 둘은 정말 행복한 결혼 생활을 유지했을지도 모른다.

하지만 그랜드 하이야트 공사를 시작하면서 나타나기 시작한 이바나의 또 다른 열망은 결코 사그러들지 않았다. 시간이 지날수록 오히려 점점 더 커지면서 더 강한 자신감을 가지게 되었고 무엇보다 그동안 억누르고 지냈던 승부 근성을 자극시키는 계기가 되었다. 처음 만났을 때만해도 어눌한 억양과 미국 생활에 익숙치 못한 실수 투성이의 여자였지만 어느 순간부터 도널드의 라이벌이 된 것이다.

도널드는 사람들을 만나면서 머리 게임을 하는 것을 즐겨했는데 어떤 사람이든지 도널드는 5분안에 그 사람이 어떤 생각을 하고 있는지 알아냈다고 한다. 그런 면에서 도널드는 이바나의 마음 속에 있는 승부욕을 발견하게 되었으며 그때부터 남편의 위치가 아닌 경쟁자로서 그녀와 경쟁을 벌이기 시작했다. 한번은 도널드가 자신의 지인에게 이렇게 얘기했다고 한다. "다른 여자들은 내가 이거 해, 저거 해라고 얘기를 하면 아무 소리없이 시킨대로 하기 때문에 나중에 시킨 일을 잘 끝냈는지 확인만 하면 됐는데 이바나는 전혀 내 말을 듣지를 않아."라고 말이다.

또 둘은 시간이 지나면서 서로에게서 성적인 매력을 잃어버리기 시작했기 때문에 자연스럽게 부부관계도 뜸해지기 시작했다. 도널드는 다른 사람들 앞에서 이바나에 대한 힘담을 늘어놓기도 했다. 이바나에게 서로 결혼 생활은 유지하되 각자가 다른 이성을 만나는 것에 대해 문제 삼지 말자는 제안을 하기도 했다고 한다. 하지만 이바나는 그런 일이 결국에는 이혼으로 이어져 부모님과 아이들에게 커다란 고통을 안겨줄 수 있다며 반대를 했다.

그 후에 도널드는 지금까지 해본 일이라고는 모델 일과 인테리어 일밖에 없었던 이바나를 뉴욕에서 멀리 떨어진 아틀랜틱 시티에 있는 트럼프 캐슬의 총 책임을 맡긴다. 겉으로 보기에는 트럼프 가의 중요 자산을 집안 사람 중 하나가 맡아서 하는 게 믿을 만하기 때문에 아내에게 일을 맡긴 것처럼 보일 수도 있다. 하지만 실질적으로는 뉴욕에서 멀리 떨어진 곳으로 보내서 떨어져 있고 싶어했기 때문이었다. 지금까지 사업을 하면서 보여왔던 그의 방식을 사생활에서도 그대로 써먹은 것이다.

세상에서 가장 큰 빌딩을 짓고 싶다

CHA. 06

$$$

도널드는 살면서 별로 돈 걱정을 한 적이 없을 정도로 부유하게 살아왔지만 유동성이 높은 자산은 별로 없었다. 대부분 그가 가진 부동산을 처분해야만 현금을 손에 넣을 수 있는 구조였기 때문에 유동성을 띤 자금은 한계가 분명히 있었다. 돈이 필요할 때마다 은행을 찾아가 돈을 빌리는게 예전보다는 훨씬 수월해질만큼 유명해졌고 그가 보유하고 있던 건물들에서도 임대료 수익이 만만치 않게 발생하고 있었던 것은 맞지만 막대한 현금을 하루아침에 만들어 내기에는 역부족이었다. 또 부동산 가격이라는 게 언제 어떻게 될지도 모르는 것이기 때문에 은행측에서도 대출을 해줄 때마다 항상 조심스러워 했다.

CHA. 06 The Tallest Building in the World

그러던 그에게 아틀랜틱 시티에 있는 두 군데의 카지노에서 벌어들이는 돈은 예상치를 훨씬 웃돌았고 대출 이자를 내고도 년간 3천만 달러의 수입을 벌어들였다. 카지노 사업이야 말로 도널드에게는 지구상에서 가장 위대한 것처럼 보이는 듯 했다.

투자가들은 그에게 그 수입으로 계속 쌓여만가는 엄청난 부채를 갚는게 좋지 않겠냐고 충고했지만 트럼프 오거니제이션은 개인 사업체나 마찬가지였기 때문에 외부에서 대차 대조표를 어떤 시선으로 바라보던지 별로 개의치 않았다. 오히려 그 돈으로 또 다른 카지노 호텔을 짓고 수입을 더 많이 확보하게 되면 기존 부채의 상환 만기일이 될 때쯤에는 충분히 갚을 수 있다고 자신만만해 했다.

오히려 도널드가 걱정하던 문제는 다른 사람들이 도박 사업의 수익 구조를 알게되면 너나할거 없이 모두 카지노 사업에 뛰어들까봐 하는 것이었고 그 때문에 더 전전긍긍하면서 모든 일을 조용히 처리해나갔다. 그리고 다른 카지노들과의 경쟁, 엄청난 세금과 노조 마지막으로 마피아의 개입 등도 그가 걱정하던 문제들이었다. 그래서 도널드는 장사가 너무 안되서 굶어죽을 지경이라고 엄살을 떨면서 허가권을 따내는 것도 너무 힘들고 아틀랜틱 시티 사람들이 원래 돈이 없어서 카지노에 오지도 않는다고 떠들고 다녔다.

카지노로 돈을 한창 벌어들이고 있을 때 뉴욕에서는 부동산 투기 바람이 불어서 모든 땅값이 엄청나게 뛰고 있었다. 그 덕분으로 도널드의 자산은 순식간에 7억 달러에 이르렀고 그로인해 포브스지가 선정한 미국 내 갑부 리스트에서 50위에 오르는 기염을 토하게 되었다.

포브스 지에서 발표한 자료에서 산출된 도널드의 자산은 정확하지 못한 면도 있었다. 전통적인 방식의 회계 처리는 부동산관련 사업에는 적합하지 않았기 때문이다. 그리고 또 하나의 문제점은 도널드의 자산은 모두 개인 소유로 되어 있었기 때문에 믿을만한 대차대조표가 없었다. 그냥 도널드가 외부에 발표한 자신의 건물들에 대한 시세만을 근거로 산출되었고 그것도 아마 시세보다 더 높게 발표를 했을 것이다.

어쨌든 그런 순위에 상관없이 도널드가 갑부가 된 것만은 사실이었고 앞으로 더 많은 돈을 벌 수 있는 자리에 올라섰다는 것을 의미하기도 했다. 지금까지 갑부처럼 보이고 싶어서 또 사회적으로 저명한 사람으로 부각되고 싶어서 고도의 전략하에 대중들 앞에서 온갖 사치스러운 행동들을 보여왔다면 이제는 정말 그런 전략이 없어도 되는 위치에 올라섰다. 여담이지만 도널드가 돈을 벌기 위해 카지노 사업을 벌였던 것은 그의 할아버지가 금광을 찾아 멀리 서부로 떠나 일확천금을 노렸던 것과 약간은 비슷한 면이 있기도 하다.

팜비치 별장

1985년 도널드는 플로리다 팜비치에 있는 마라라고Mar-a-Lago라는 초호화 별장을 사들인다. 1927년 아버지로부터 막대한 재산을 물려받은 마조리에 메리웨더 포스트Marjorie Merriweather Post라는 금발의 아리따운 여자가 8백만 달러라는 엄청난 돈을 들여 별장을 짓고 이름을 마라라고로 붙였다. 이탈리아 산 석재를 사용해 15세기 스페인 풍으로 지어진 이 거대한 별장은 58개의 침실과 33개의 욕실 그리고 하인들을 위한 27개의 방이 별도로 있었다.

고풍스러운 가구들과 벽화 그리고 수많은 도자기와 은으로 만든 식기들로 넘쳐나는 호화스러운 성에서 마조리에는 팜비치의 지역 사회를 손에 쥐고 흔들고 있었다. 항상 집에는 유명한 손님들로 북적거렸는데 1973년 그녀가 죽자 그 동안의 무절제한 사치로 인해 그 별장은 골칫거리로 전락을 하고 만다. 그녀의 유언에 따라 연방 정부에 기증하려고 했지만 유지비가 너무 많이 들어간다는 이유로 받아들여지지 않았고 시장에 2천만 달러에 내어놓았지만 10년 가까이 팔리지 않고 있었다. 너무 비싸다고 하는 사람도 있었고 또 너무 고풍스러운 스타일이 마음에 들지 않는다고 하는 사람도 있었다.

하지만 도널드의 눈에 띈후 1985년 8백만 달러에 도널드에게 팔리게 된다. 1927년 처음 별장을 지을 때 들어갔던 액수와 같은 값으로 별장을 사들였다. 하지만 그 역시도 은행에서 천만 달러를 대출받아 구입을 한 것이었으며 도널드의 지갑에서 나간 돈은 2,811달러 뿐이었다.

도널드는 주말마다 자신의 전용 비행기를 타고 그 곳으로 가서 사회 저명 인사들을 초대해 자신의 입지를 알리기 위한 목적으로 사용하고 싶어했다. 그는 극단적인 과시를 하고 싶어했고 그래서 자신이 돈을 어떻게 벌었는지 조용히 입다물고 있는 일반적인 부자들과는 다르게 지금까지 자신이 얼마나 머리를 잘써서 돈을 벌어왔는지 떠벌리는 스타일이었다. 언제나 그랬지만 도널드는 항상 자신만이 부각될 수 있게 행동해왔고 값비싼 물건들로 치장할 때조차도 아내인 이바나가 자신보다 더 튀게 보이는 모습을 용납하지 않았다. 그래서 한번은 친구에게 이런 말을 한 적도 있었다고 한다.

"나는 절대 이바나에게 보석이나 그림같은 걸 사주지는 않을거야. 혹시라도 이혼하게 되면 다시 뺏어와야 할지도 모르는 걸 골치 아프게 왜 사줘."

도널드의 평소 모습처럼 팜비치의 마라라고도 그렇게 꾸몄다. 거실에는 거대한 도널드의 초상화를 걸었고 그가 실렸던 잡지의 표지들을 액자로 만들어 한 켠에 진열하고 바다를 보면서 들어올 수 있게 되어있던 아름다운 별장 진입로를 없애고 오로지 자신의 별장만을 바라보면서 들어올 수 있게 길을 새로 내었다. 그리고 팜 비치의 지역 유지들과 그곳에서 사교적인 모임을 가지면서 미래의 비즈니스와 정치적인 유대관계를 맺기 위한 포석으로 활용했다.

팜비치에서도 도널드는 소송 사건을 벌이는데 하나는 세금을 덜 내기 위해 토지 용도를 변경소송 건이었고 또 하나는 근처에 있는 공항 때문에 비행기 소음이 너무 심하니까 공항을 멀리 떨어진 곳에 새롭게 건설해 달라는 것이었다. 두 번째 소송은 이웃 주민들과 연대해서 공동 소송을 벌이기도 했는데 그 곳은 도널드가 힘을 발휘할 수 있는 뉴욕이 아니었다. 결국 두 건 모두 법원에서 기각되었다. 들리는 말에 의하면 도널드가 문제 삼았던 비행기의 소음 문제는 실상 다른데 있었다고 한다. 도널드가 문제 삼았던 공항은 일몰 시간 이후에는 비행기 이착륙이 엄격하게 통제되고 있었기 때문에 밤에는 도널드 마음대로 자신의 전용기를 움직일 수 없어서 불만이 많았다고 한다.

도널드는 여전히 팜비치 지역에서도 새로운 사업거리를 찾고 있었다. 때마침 헨리 플래거Henry Flager라는 신축 입자기 짓고 있던 대규모 주택 단지가 미분양이 속출하면서 9천 4백만달러의 은행 대출을 갚지 못하고 지불 불능 상태에 빠졌다는 소식을 접한다. 주변의 만류에도 불구하고 도널드는 마린 미드랜드Marine Midland로부터 6천만달러의 주택 담보 대출을 받아 인수를 했는데 예전에 자신의 아버지가 연고가 없는 지역에서 건설을 하다가 크게 곤경에 빠진 걸 옆에서 지켜봤으면서도 너무 쉽게 일을 저지르고 말았다. 도널드는 아마 자신의 자랑거리가 하나 더 늘어날 수 있다는 순간적인 욕심과 공사도 다 끝난 주택 단지를 싼 값에 사들여서 깨끗하게 마무리 단장을 하고 분양이 다 될 때까지 미친 듯이 홍보를 하면 괜찮을 것이라고 생각했던 것 같다. 주택 단지 이름을 팜비치 트럼프 플라자 Trump Plaza of the Palm Beaches라고 바꾸고 크라이슬러 자동차의 리 아이아코카Lee Iacocca 회장도 팜비치 트럼프 플라자의 주택을 구입했다고 발표하면서 전국적인 광고를 내보내기 시작했다. 또 그 당시 팜비치 트럼프 플라자 뿐만 아니라 아스펜(Aspen, 미국 콜로라도주 록키산맥에 있는 스키리조트)과 LA에 있는 호텔을 구입하기도 한다.

도널드는 자신의 직원에게 "내가 여기저기 부동산들을 사들이는 건 꼭 돈을 벌려고 하는 건 아니야. 신문 지상에 내 이름이 자꾸 오르내려서 사람들 기억 속에 남을 수 있게 만들려고 하는거야. 그게 곧 내가 바라는 성공이 되는 거지."라고 말했다.

텔레비전 시티 프로젝트

웨스트 사이드 60번가에 있는 펜 센트럴 철도 부지를 개발하겠다는 도널드의 오래된 염원이 실현될지도 모르는 순간이 다가왔다. 5년 전 도널드의 빈약한 재정 상태와 지역 시민 단체의 반대로 그 부지를 살 수 있는 우선 구입 권리를 포기한 후 그 땅은 아르헨티나 출신의 프란시스코 마크리Francisco Macri라는 사람에게 넘어갔고 그 부지위에 링컨 웨스트라는 프로젝트를 진행하기 위해 뉴욕시의 까다롭고 지루한 허가 절차를 밟고 있었다.

뉴욕시에서는 지하철 역 주변의 오래되고 낡은 시설물들을 새롭게 고치기 위한 수리비로 3천만 달러를 낸다면 허가를 내주겠다는 조건을 내걸었다. 이렇게 예상치 못한 비용들이 계속 늘어가고 시간은 계속 늦춰지면서 결국은 은행 측의 대출 상환 압력을 견디다 못한 마크리는 도널드에게 그 부지를 다시 팔기로 한다.

마크리 뿐만 아니라 다른 사람들도 체이스 은행과 도널드의 오랜 친분 관계가 마크리가 도널드에게 땅을 팔 수밖에 없게끔 만들었다고 믿었다. 1985년 1월 도널드는 약 74에이커에 이르는 방대한 땅을 1억 천 7백만 달러에 구입을 하게 된다. 그것은 도널드에게 커다란 자랑거리였고 그가 성공의 길로 완전히 들어섰다는 것을 의미하기도 했다. 비록 한 때 그 철도 부지를 포기하라는 주위 압력 때문에 어쩔 수없이 두 손을 들고 빠져나오기도 했지만 다른 프로젝트들을 통해 부와 명예를 손에 거머쥘 수 있게 되었고 기적처럼 다시 잃어버렸던 그 땅을 되찾게 되었다. 십년 전 도널드에게 냉담하게 대했던 사람들과 은행들도 이제 도널드의 편을 들고 나서게 되었다.

시에서 마크리에게 요구했던 시설들에 대한 문제를 처리하기 위해 도널드는 뉴욕 시장인 에드 코크Ed Koch의 전 법률 자문 변호사이고 그와 절친한 사이였던 알렌 슈와르츠Allen Schwartz를 고용했다. 뿐만아니라 시장의 선거 비용을 위해 기부금을 내기도 하면서 시장과의 관계를 우호적으로 만들려고 애를 쓰면서 예전과 같은 일이 다시 벌어지지 않게 미리 손을 써놓기도 했다.

평소부터 세계에서 가장 높은 빌딩이 뉴욕에 꼭 있어야 한다고 입버릇처럼 말 해왔던 도널드는 자기가 직접 그런 빌딩의 주인이 되고 싶다는 속마음을 드러내기 시작했다. 그래서 웨스트 사이드의 철도 부지를 손에 넣자마자 그는 세계에서 가장 높은 빌딩을 설계할 수 있는 적임자를 찾아내 곧바로 설계에 착수했다.

그리고 얼마 후 기자 회견을 열어 일명 텔레비전 시티Television City라는 빌딩을 짓겠다는 계획을 발표했다. 세계에서 가장 높은 빌딩을 짓고 그 안에 세계에서 가장 큰 텔레비전 스튜디오와 세계에서 가장 큰 쇼핑 센터를 들여 앉히겠다는 것이 그의 계획이었다. 입이 떡 벌어질 만큼 엄청난 공사 규모로 메인 빌딩 옆에 있는 일곱 개의 빌딩조차 뉴욕에 있는 다른 빌딩보다도 높게 설계되었고 총 7,900가구의 아파트가 건설되고 메인 빌딩은 끝이 뾰족한 삼각형 형태로 된 로켓 모양처럼 설계되어 총 길이가 약 509미터(안테나를 포함하면 582미터)에 다다르는 150층 짜리 건물이었다. 그로인해 총 4만 명의 신규 일자리가 창출될 수 있다고 주장했는데 그의 말대로라면 확실하게 세계에서 가장 높은 빌딩이라는 타이틀을 얻게 될 수 있는 규모였다.

뉴욕에서 1931년부터 짓기 시작해 1939년에 완공되었던 록펠러 센터Rockefeller Center 이래 가장 큰 규모의 프로젝트인 텔레비전 시티는 언제나 그랬듯이 복잡한 승인 절차와 허가를 받아내는 힘든 일이 기다리고 있었다. 특히 주변에 거주하는 지역 주민들의 반대가 없어야 했기에 그들과 수많은 미팅을 가지면서 텔레비전 시티 프로젝트는 도시 안에 작은 도시를 건설하는 역사적인 일로서 지역 사회의 발전에 큰 도움을 줄 것이라는 점을 강조했고 절대 자신을 위해서가 아닌 뉴욕에 기념비적인 건물을 세우고 싶은 바램으로 일을 하는 것이라고 역설했다. 그러면서 지역 주민들은 더 질 좋은 방송과 거대한 쇼핑 센터를 이용할 수 있는 기회를 가지게 될 수 있다고 말했다.

하지만 그런 도널드의 말에도 주위 반응은 여전히 썰렁하기만 했다. 타임지는 그 프로젝트를 엉뚱한 발상이라고 평가했고 뉴욕 타임즈에서는 건축 전문 비평가였던 폴 골드버그Paul Goldberger가 텔레비전 시티 빌딩은 다른 별 볼일없는 빌딩들을 오히려 더 돋보이

게 만드는 형편없는 건축물이다라는 평을 했다. 그 기사를 보고 도
널드는 읽을 가치도 없는 기사라고 불같이 화를 내며 골드버그가
옷을 참 못입는 사람이라고 비꼬기도 했다고 한다. 훗날 골드버그
는 도널드가 자신의 옷입는 스타일을 가지고 약점을 잡으려고 했던
것 같다고 했으며 도널드는 그렇게 다른 사람의 약점을 집요하게
물고 늘어지는데 탁월하다고 말했다.

  한 연구 조사가 텔레비전 시티가 건설된 후에는 그 빌딩의 그림
자가 30블록이나 떨어진 곳까지 영향을 미친다는 발표를 하자 여기
저기서 더 시끄러운 반응들이 물밀 듯 쏟아져 나오기 시작했다. 또
시 기획 위원회에서도 웨스트 사이드 지역 전체를 전혀 고려하지
않은 계획처럼 보인다고 부정적인 반응을 보이기 시작했다. 이렇게
주위 여론과 설계상의 문제들로 골치가 아팠던 도널드에게 더 큰
문제는 표준 토지 이용 심의 절차를 통과해서 건축 허가를 받아내
야 할 뿐 아니라 시 당국을 설득해서 세금 감면 혜택을 받을 수 있게
해야 했다. 예전에 코모도 호텔을 인수했을 당시 처리해 나갔던 그
런 과정보다 더 힘들어 보였기에 도널드는 NBC 방송국을 텔레비전
시티에 입주시키기 위해 백방으로 뛰어다녔으며 그들이 입주만 한
다면 4천개의 일자리가 생기고 그에 따라 세금 수입이 더 많아지고
그리고 뉴욕시의 이미지에 상당한 효과를 줄 수 있다는 점을 부각
시켰다. NBC 방송국도 이미 오래전부터 기존 건물의 임대료가 비

싸 뉴욕을 떠나 다른 장소를 물색중이었기 때문에 뉴욕에 계속 본사를 두려면 텔레비전 시티외에는 특별한 대안이 없어보였다. 도널드의 전형적인 수법 중 하나였던 여론 몰이를 통해 NBC가 계속 뉴욕에 남아있어야 한다는 분위기를 조성하고 그것을 이용해 뉴욕시를 압박해 나갔다.

그러나 도널드가 그랜드 하이야트를 건설할 당시와는 상황이 많이 변해있었다. 그때는 도널드의 아버지가 정치권과의 유대관계를 두텁게 만들기 위해 거액의 기부금을 계속 내면서 친밀한 관계를 유지했지만 이제는 시간이 많이 흘러서 정치권에 있던 아버지의 인맥도 대부분 은퇴를 했고 더욱이 도널드는 아버지만큼 그런 일에 신경을 많이 쓰지 않았다. 그래서 당시의 뉴욕 시장과는 계속 소원한 상태로 지내고 있었고 때로는 서로에 대해 헐뜯는 사이가 되기도 했다. 그런 분위기는 후임 시장까지 이어져 오히려 세금을 더 내야 하는 일까지 벌어지기도 했다.

1986년 봄 텔레비전 시티를 건설할 수 있는 묘안을 궁리하던 도널드에게 새로운 먹이감이 하나 발견된다. 그것은 바로 1950년 센트럴 파크 남동쪽에 지어졌던 울맨 메모리얼 링크Wollman Memorial Rink라는 스케이트 장이었다. 뉴욕시에서는 1980년에 490만 달러의 비용으로 개보수 작업을 시작한다고 스케이트장의 문을 닫았지만 그로부터 6년이 지날 때까지 공사 비용은 1,200만 달러로 늘어났고 그리고도 계속 공사중이라는 푯말만 내걸린 상태였다. 거기다 최소한 2년은 더 걸려야 공사가 마무리되고 2백만 달러의 추가비용이 더 필요하다는 말들이 여기저기서 들려오면서 뉴욕 시장인 에드 코크를 향한 비난의 화살이 곳곳에서 날아들게 되었다. 도널드는 진퇴양난에 빠진 시장을 보면서 시장을 자신의 편으로 만들 수 있는 기회라고 생각을 했다.

그 해 도널드는 에드 코크 뉴욕 시장에게 편지를 보냈다. "친애하는 시장님. 저와 모든 뉴욕 시민들은 곤경에 빠진 울맨 링크를 안타까운 마음으로 바라보고 있습니다. 너무나도 쉬운 공사를 제대로 하지 못하고 있는 무능력한 인간들이 시장님을 더욱 어렵게 만들고 있습니다."라고 시작한 그 편지에 자신에게 일을 맡기면 딱 4개월이면 다 끝낼 수 있다고 장담을 했고 공사 비용을 자기가 부담할테니까 대신 울맨 링크와 그 안에 딸린 부대 시설에 대한 운영권을 달라고 했다. 바로 그날 시장이 보낸 답장에서 시장은 도널드의 제의를 고맙게 받아들이겠지만 울맨 링크의 이름을 바꾸거나 운영권을 도널드에게 줄 수는 없다고 얘기하면서 "숨죽이고 당신의 답장을 기다리겠습니다."라고 끝을 맺었다.

그들이 서로 주고 받은 편지는 후에 언론에 공개되기도 했는데 도널드의 뻔뻔스러워 보이는 요구 조건에도 감정적으로 대응하지 않고 부드러운 끝 맺음말로 답장을 보낸 이유는 에드 코크 시장이 여론을 앞세워 도널드에게 자연스럽게 스케이트장의 공사를 맡긴 후 자신은 곤경에서 빠져나오려고 했던 것이다.

결국 도널드는 또 다른 기회를 잡게 되었고 체이스 은행으로부터 무이자의 공사 대금을 대출 받고 약속한 공사 기한을 맞추기 위해 하청 건설 업자들을 닦달하면서 아침에는 트럼프 타워 꼭대기에 있는 그의 아파트에서, 낮에는 트럼프 타워의 사무실에서 공사 현장이 잘돌아가고 있는지 지켜봤다. 그리고 다른 프로젝트를 할 때처럼 수시로 기자 회견을 열어 시시콜콜한 공사 진척 상항을 얘기하면서 대중들의 시선이 자신에게 쏠리게 만들었다. 도널드의 상징이었던 유리로 번쩍거리는 치장을 하지는 못했지만 그래도 호화롭게 보이는 스케이트장을 약속한 시간보다 2개월이 더 소요되어 마무리지었다.

울맨 링크의 복구 작업은 상당히 성공적인 일이었고 도널드가 그렇게 빨리 공사를 마무리질 수 있었던 것은 시의 동의아래 각종 법규로부터 아무런 규제를 받지 않았기 때문에 가능했다.

모든게 뜻대로 되지는 않는다

울맨 링크의 보수 공사는 도널드에게 대중적인 인기를 한 몸에 받을 수 있는 계기를 만들어 주었고 텔레비전 시티 프로젝트에 힘을 얻는 것처럼 보였고 또 각종 정치적인 스캔들과 대기업들의 탈 뉴욕화가 거세어지는 소용돌이 속에 있었던 에드 코크 시장도 돌파구가 필요해 보였다. 이전할 새로운 부지를 물색하기위해 여기저기 뛰어다니고 있던 NBC도 텔레비전 시티 프로젝트에 전문가를 파견해 방송 스튜디오를 설계하는 일을 도와주기도 했다.

그리고 도널드는 각 신문사에게 돌아가고 있는 상황들을 알려주기 위해 매번 보도 자료를 배포해서 기사화시켰다. 그리고 서로 다른 이해 관계 속에 있던 곳들을 중재하는 역할을 맡아 자신이 주도권을 잡는 듯한 모습을 보이면서 모든게 술술 풀려나갈 것처럼 보였다. 그 당시 도널드와 함께 일하고 있던 제리 쉬래거Jerry Schrager도 "우린 빠른 시간 내에 모든게 다 잘 될수 있을 거라고 생각을 했다. 조만간 도널드가 역전 만루 홈런을 칠 것처럼 보였다."라고 말했다.

하지만 모든게 도널드의 의도대로 먹혀들지는 않았다. 때로는 도널드 스스로 불리한 상황을 자초하기도 했다. 예를 들어 도널드와 이해관계에 있던 사람들은 자신들이 원하는 것을 도널드가 대신 말하게끔 내버려두면서 결국은 자신들의 실리를 챙기고자 했다. 도널드가 기자 회견장에서 계속 NBC가 뉴욕에 있어야 하며 그러기 위해서는 텔레비전 시티에 있어야 한다는 것을 발표할 때마다 가장 큰 혜택을 보는 곳은 NBC였다. NBC의 전 부사장의 말에 따르면 도널드가 앞장서서 NBC가 뉴욕을 떠나는 것을 시 당국은 그냥 방관해서는 안된다고 떠들었었는데 그게 도널드의 야심을 채우기 위해 NBC를 이용한 것이었지만 실제로는 오히려 NBC를 더 많이 도와주는 결과가 되었다고 했다. 도널드가 그렇게 떠들고다니자 NBC가 원래 있었던 록펠러센터 빌딩 관계자들은 NBC에게 더 좋은 조건을 제시하면서 협상 테이블로 끌여들였고 시 당국자들도 도널드가 계속 언론에서 이말 저말하는 것을 성가스럽게 생각하면서 록펠러 센터 측에 도움을 주려고도 했었다고 한다.

에드 코크 시장도 울맨 링크에 대한 보수 공사를 했으니까 상을 달라고 조르는 도널드에 대한 핑계거리를 나름 생각하고 있었던 모양이다. 그랜드 하이야트에서 그동안 세금을 적게 내고 있었다는게 밝혀지기도 했는데 에드 코크 시장은 도널드가 원했던 토지 용도 변경 신청을 허가해줄 수 없다고 말하고 대신 울맨 링크에 대한 고마움의 표시로 다른 건물을 짓게되면 그 때는 세금 감면 혜택을 주겠다고 얼버무린다.

도널드는 에드 코크 시장을 바보 멍청이리고 공공연히 비난하고 다녔고 시장 또한 그렇게 떠들고 다니는 도널드를 꼬마 돼지같다고 비꼬아 말했다. 결국 NBC가 록펠러 센터에 계속 남아있기로 최종적으로 결정하자 도널드는 에드 코크 시장에 대한 본격적인 반대 운동을 벌이기 시작했다. 도널드와 시장의 설전은 신문 기사면을 수시로 장식했고 그때마다 도널드는 자신이 시장 출마를 하기 위해 그런 것이 절대 아니라고 항변할 정도였다.

돈벌이의 마술사

텔레비전 시티 프로젝트에 NBC를 끌여들이지 못한 것은 대단히 큰 낭패였지만 도널드는 재빠르게 몸을 추스려 뉴욕시의 최종 결정이 있은 3주후 스포츠 면에 아틀랜틱 시티에서 열리는 권투 경기를 주관한다는 기사와 함께 헤드라인을 장식한다. 도널드는 아틀랜틱 시티 컨벤션 홀에서 열리는 유명 권투 선수들의 시합을 주관했다. 그리고 그 경기를 보러 온 돈 많은 관객들을 트럼프 플라자 카지노를 들려서 갈 수밖에 없는 동선을 만들어 자신의 카지노에서 돈을 쓰게끔 만들었다. 그래서 권투 경기가 열리는 날이면 평소보다 6배 가량 더 많은 판돈이 카지노에서 오고갔다. 그래서 세계적으로 유명한 권투 프로모터였던 돈 킹Don King도 그런 트럼프를 보고 지형적인 이점을 최대한 살려 독창적인 생각을 하는데는 최고이며, 가장 빠른 시간 내에 가장 많은 돈을 벌 수 있는 마법사의 능력을 가지고 있는 사람이라고 치켜세웠다.

그런 능력 때문인지 몰라도 도널드는 전용기를 타고 모스크바로 날라가 자본주의 사회에서나 볼 수 있는 호화스런 호텔을 짓기 위해 뛰어다녔고 전에 홀리데이 인에게 했던 것과 같은 방식으로 주식을 사들이고 경영권 참여를 한다는 루머를 흘리고 그가 가지고 있던 주식을 되팔아서 이득을 남기기도 하면서 재산을 더 많이 불려나갔다. 그리고 항상 그래왔듯이 자신의 사소한 행동 하나까지도 계속적으로 기자들에게 얘기하는 것 또한 게을리 하지 않았다

NBC를 놓치고 얼마 안있다가 비즈니스위크 지의 표지에는 도널드의 사진과 함께 "도널드 트럼프, 뉴욕 부동산을 정복하다"라는 타이틀이 실렸고 또 바로 뒤이어 뉴스위크 지에는 "도널드 억만장자의 제국을 이루어내다"라는 기사가 실렸다. 그리고 1987년 10월에 일어났던 주식시장의 대붕괴 때 도널드는 그렇게 될 줄 미리 알고 먼저 주식을 처분해서 2억 달러를 현금화했다고 자랑스럽게 떠들고 다녔지만 일부 주식은 그렇게 처분하지 못해서 약 2천 2백만 달러를 손해 본 것으로 밝혀졌다. 또 피플지에서는 "너무 돈만 밝히는 사람"이라는 타이틀로 표지를 장식하기도 했다.

동경의 대상이 된 부자

도널드는 슈퍼스타가 되었고 유명인이 되었다. 신문 기사에 셀

수도 없을 만큼 자주 등장을 했고 수많은 잡지의 커버스토리로 다루어졌다. 포브스에 선정한 미국 부자들 100명에서 항상 50위권 언저리에 머물렀지만 대중들은 도널드가 최고 상위권에 있거나 아님 제일 부자로 알고 있었다. 그리고 뉴욕에서 땅을 제일 많이 가지고 있는 땅부자로 알고 있었다. 실질적으로 전혀 그렇지도 않은데 말이다.

하지만 사람들에게 깊이 뿌리박힌 도널드가 최고 부자라는 인식은 쉽게 지워지지 않았고 그의 이름이 새겨진 캐딜락 리무진이나 만년필, 안경 그리고 심지어는 보드 게임판 위에 그의 얼굴을 사용할 수 있는 판권까지 무수히 많은 상품들에 그의 이름을 사용할 수 있게 돈을 받고 팔았다. 그를 모티브로 한 영화가 제작되기도 했으며 수많은 루머들을 만들어내기도 했고 그를 소재로 한 유머들까지 많이 만들어지기도 했다.

아틀랜틱 시티에의 광고판에는 더 이상 바랄게 없는 최고의 삶을 보내고 있었던 도널드의 이름을 이용해 "당신 오늘 트럼프처럼 보이는데"라는 말까지 쓰이게 되었다. 그리고 도널드는 자신을 기다리고 있는 군중들을 볼 때마다 매우 반갑게 깜짝 놀라는 표정을 가식적으로 지으면서 그들을 반기는 척을 했다.

다른 사람에게 물건을 팔려고 하는 사람들이 물건에 대해 얘기하는 것처럼 도널드는 물건대신 자기 자신을 팔려고 하는 사람처럼 자기 자신에 대해 얘기를 했다. 그래서 때론 다른 사람 이름 부르듯이 자신을 빗대어 얘기하기도 했는데 예를 들어 "트럼프가 말하기를" 혹은 "사람들이 그러던데 트럼프만이 이 일을 할 수 있는 유일한 사람이라고"라는 식으로 말하곤 했다. 자기 자신에게 일어나는 일을 상품화시켜서 얘기하는 최고의 영업 사원이었고 듣는 사람들로 하여금 그 상품화된 얘기를 살지, 말지를 결정하게 만드는 사람처럼 행동하기도 했다.

도널드는 부자였고 도널드를 동경하던 대부분의 사람들은 자신들이 꿈에 그리던 모든 것들을 도널드가 가지고 있었기 때문에 다른 것은 별로 중요하게 생각하지 않았다. 초호화 아파트, 전용기, 최고급 리무진, 카지노 그리고 금발의 모델 출신의 아내 그리고 금으로 도금된 고급 식기들 등 그런 모든 것들은 평범한 소시민들에게는 동경의 대상이었고 그것을 도널드는 모두 가지고 있었다. 그 전까지만 해도 미국 상류층들은 부자라는 사실에 대해 그렇게까지 호화스럽고 사치스럽게 떠들썩거리며 다니지 않았다.

하지만 도널드는 자신이 가진 부를 광고하고 다녔고 대중들이 그런 자신을 동경하게끔 만들었다. 자신이 가진 재산의 평가액이 조금이라도 떨어지는 것처럼 발표되는 날에는 자신이 가지고 있는 재산은 그것보다 훨씬 더 많다고 강하게 주장했다. 몇 년동안 꾸준히 자신에 대해 떠벌리고 허세를 누린 끝에 그는 만인의 억만장자가 되었다. 록펠러가 쌓았던 부와는 거리가 멀었음에도 불구하고 도널드는 부의 상징인 록펠러를 자신의 라이벌로 생각했고 사람들이 록펠러처럼 부자가 되고 싶다는 꿈 대신 트럼프처럼 부자가 되고 싶다는 생각을 가지기를 바랬던 것 같다.

길거리를 지나갈 때도 도널드는 사람들의 시선 한가운데 있었고 심지어 마이클 잭슨 콘서트 장에서도 그리고 헐리우드 원로 명배우들이 모인 자리에서도 도널드는 주인공보다 더 큰 주목을 받는 사람이 되었다.

유명인 중에서도 최고로 유명한 사람이 되어 그의 사무실과 집이 있던 트럼프 타워에 무작정 도널드를 만나려고 오는 사람들이 생겨났고 막무가내로 도널드를 만나고 싶다고 떼를 쓰기도 했다.

무소불위의 힘을 행사하는 사람처럼 또 저 높은 곳에서 계시를 내리는 사람처럼 또 만지면 다 금이되는 듯한 사람처럼 되어버린 도널드 앞에서 그와 다른 의견을 내어놓거나 논쟁을 벌이는 것은 거의 불가능에 가까운 일처럼 되었다. 그래서 혹자는 도널드를 쓰러뜨리기 위해서는 마키아벨리와 같은 고도의 전략과 마이크 타이슨과 같은 강력한 주먹이 있어야만 그나마 상대가 될 수 있을 것이라고 하기도 했다.

도널드의 강인한 정신력과 배짱은 어떤 공격이나 방애물 그리고 어떤 어려움 속에서도 길을 잃지 않고 자신의 목표만을 향해 갈 수 있도록 했다. 하지만 그런 정신과 배짱은 동시에 그가 꼭 들었어야 하는 얘기들을 무시한채 살아가도록 만든 눈가리개와 귀마개가 되기도 해서 결국은 끔찍한 재앙을 불러오는 원인이 된다.

DONALD TRUMP

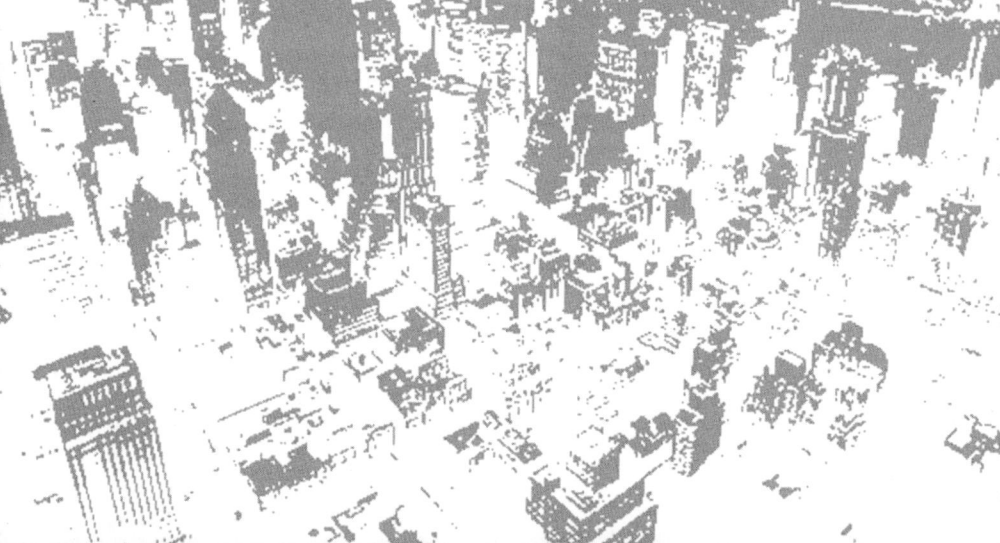

중심을 잃고 휘청거리다

CHA. 07

$ $ $

　　도널드의 자서전 출판 기념회가 열리던 날 뉴욕의 사교계를 주름잡던 사람들과 지성인을 대표하던 문인들 모두가 도널드에게 축하 인사를 건네느라 정신없던 파티 장에서 도널드가 가장 깊은 관심을 가지고 지켜보던 사람은 조지아 출신의 24살 신인 여자 영화배우, 말라 메이플스Marla Maples였다. 어려서부터 마릴린 먼로를 동경해 온 그녀는 파란 눈에 숨이 멎을 듯한 미모를 자랑하고 부드러운 남부 억양에 사교성도 좋았다. 거기다가 누구나가 한번쯤 더 쳐다볼 수 밖에 없는 완벽한 몸매를 가지고 있었는데 그녀가 16살 때 너무 성숙한 몸매 때문에 플레이지보이지에서 누드 모델 제의를 받기도 했었다. 그 후 수영복 컨테스트에 나가 처음으로 자신을 알린

후 항공사 홍보지 광고 모델을 하는가 하면 공포 영화에 단역으로 출연하기도 한다.

그런 그녀의 외모는 도널드에게 너무나도 완벽해 보였고 시선을 뗄 수 없게 만들었다. 도널드는 자신의 책에 대한 내용이 담긴 기사 스크랩들을 보여주면서 그녀에게 접근해서 결국은 그녀와 사귀기 시작하고 그 후에는 어딜가든 항상 자신 옆에 있게 했다. 뉴욕에 있을 때는 센트럴 파크 사우스Central Park South에 있는 호텔에 그리고 아틀랜틱 시티에 있을 때는 트럼프 플라자에 머물게 했다. 그녀의 사진을 꺼내보이고는 37-25-37의 몸매를 다른 사람들에게 자랑하면서 틈만 나면 사무실에서 몰래 빠져나와 오후의 밀애를 즐기곤 했다. 또 그녀를 위해 값비싼 선물을 마다하지 않았고 그녀와 그녀의 가족들을 위해 자신의 전용기를 내어주곤 했다. 그녀를 부르는 애칭까지 만들었고 그녀가 필요한게 있으면 언제든지 처리해 줄 수 있게 직원을 대기시켜 놓기도 했다.

도널드의 일상은 이미 오래 전부터 한치의 짬도 낼 수 없을 만큼 빽빽하게 돌아가고 있었다. 하루종일 셀 수도 없을 만큼의 전화 통화와 수많은 자료들, 긴급 회의와 그의 머릿속에 항상 정신없이 돌아가고 있는 계획들과 야망들 때문에 하루 24시간은 도널드에게 턱없이 부족해보였다. 아주 잠깐 동안 겨우 몇몇 사람에게만 짬을 내어주었고 하루에 서너 시간 밖에 자지 않았으며 들리는 바에 의하면 다이어트 약을 과다 복용하기도 했다고 한다. 의사의 처방전에 있는 다이어트 약에는 환자의 식욕을 억제시킴과 동시에 포만감을 느끼게 하면서 에너지를 넘치게 하는 일종의 환각 상태를 불러와 조증躁症 상태가 나타나게 된다고 한다. 그런데 도널드의 밑에서 일했던 직원들은 종종 그런 모습을 봤다고 했다.

어쨌든 도널드는 그렇게 정신없이 살아가고 있는 와중에 세컨드 와이프와 비밀스러운 두 집 살림을 시작하게 됐고 그것은 곧 법적인 소송 그리고 한 바탕의 싸움으로 아수라장이 벌어지는 상황으로 번지게 된다.

최대한대로 도널드는 자신의 와이프를 계속 속여갔지만 그게 여의치 않은 상황이 발생하면 적반하장격으로 와이프에게 화를 내며 마음의 상처를 주기도 하고 때론 자기 합리화를 시키기도 하고 아니면 더 잔꾀를 부려 와이프를 계속 속여나갔다. 몰래 숨겨놓은 애인을 만나러가기 위해 도널드는 계속 핑계거리를 만들어내야 했고 혹시라도 애인의 체취나 흔적이라도 남아있지 않을까 노심초사하면서 완벽한 알리바이를 만들어내기 위해 애를 썼다. 도널드는 그 순간마다 거래를 한 것이나 마찬가지였다. 모두를 위하는 길이 되는 거래이거나 자기 자신만을 위한 거래이거나 그것도 아니면 최악의 경우는 이도저도 아닌 거래가 되거나.... 결국 그런 거래들이 쌓이고 쌓여 도널드에게 치명적인 오점을 남기고 만다.

그런 상황들을 만든게 전적으로 섹시한 금발의 애인 탓이라고 말하는 것은 맞지 않아 보인다. 다른 사람과 거래를 하거나 다른 사람의 생각을 읽는데는 최고를 자부하는 도널드였지만 정작 자신에게 일어나는 일들은 어쩔 수 없었던 것 같다. 인생의 중요한 순간에 언제나 승자가 되어왔지만 인간이라면 누구나 피할 수 없는 것 즉, 나이를 먹어간다는 사실앞에서는 그도 어쩔 수 없는 패자의 모습이었다.

하지만 그 사실을 인정하지 않으려고 했을지도 모른다. 소문에 의하면 눈밑 주름과 턱 주름 제거 수술을 받았고 그가 좋아했던 피자와 쵸콜렛 케익 때문에 찐 살을 빼기위해 지방 흡입까지 했다고 한다. 특히 머리가 빠지기 시작하면서 탈모에 굉장히 신경을 많이 썼는데 머리가 빠진 것을 최대한 감추기 위해 머릿결을 왼편으로 최대한 널어놓거나 아님 벗겨진 머리에 최대한 살색과 비슷하게 문신을 해넣어 대머리처럼 안보이려고 했다는 말도 있다. 도널드는 원래 아버지를 닮아 빨간빛이 맴도는 머릿결이었지만 금발로 염색을 했다.

중년의 위기를 겪는 남자들의 전형적인 경우처럼 도널드도 여전히 매력적이고, 혈기왕성하고 정력이 넘치는 남자라는 사실을 확인하고 싶은 마음에 한눈을 팔기 시작했다. 심지어 그의 부인인 이바나가 아틀랜틱 시티에 있는 트럼프 캐슬을 운영하기 위해 떨어져 지내기도 전부터 도널드는 다른 여자들을 만나고 다니고 있었다. 도널드가 지나친 결벽증 증세를 보이는 세균 공포증을 가지고 있었기 때문에 많은 여자들과 잠자리까지 했다는 말은 신빙성이 좀 떨어지긴 해보여도 도널드가 수많은 글래머 여배우와 모델들과 어울린다는 많은 루머들이 돌기 시작했다. 또 공인에게 흔하게 나타나는 일처럼 다른 여자들이 그를 유혹하려고 달려들기도 했고 자랑하기를 좋아하는 도널드에게 그런 일은 좋은 얘기거리가 되었다.

한번은 도널드가 부동산 중개업자인 잭 쉐이퍼Jack Shaffer와 함께 파티에 가는 도중 거기에 온 모든 여자들이 자신을 계속 쳐다보고 있을테니까 잘 보라고 하면서 자랑을 늘어놓았다고 한다. 잭 쉐이퍼가 말하기를 "파티장 안으로 들어가자 거기에 있던 모든 사람들이 도널드를 향해 시선을 보냈는데 그 옆에 있던 난 꼭 도널드의 비서처럼 쳐다보는 것 같았어요."라고 했다. 그렇게 사람들의 시선을 받는다는 사실은 도널드를 흥분하게 만드는 일이었지만 그 점 때문에 자신의 인생에 위기를 불러온다.

몰락의 시작을 알리는 타지 마할에 손을 대다

도널드가 말라 메이플스를 만나기 8개월 전에 그는 여전히 텔레비전 시티에 한창 매달리고 있었고 팜비치 트럼프 플라자의 아파트는 여전히 팔리지를 않고 있어서 골머리를 썩고 있었고 그 와중에 아틀랜틱 시티에서는 또 다른 일을 벌이고 있었다. 그 일은 제일 큰 카지노를 가질 수 있게 만드는 동시에 그의 몰락을 알리는 신호탄이 된 타지 마할이었다.

타지 마할Taj Mahal은 1986년 봄에 유명한 플레이보이이자 리조트 인터내셔널 사Resorts International Inc.의 오너였던 제임스 크로스비 James Crosby가 급성 폐기종(肺氣腫-emphysema : 폐안의 공기주머니 폐포낭의 손상으로 인해 일어나는 만성폐색성폐질환으로 만성적인 기침이 따르며 특히 운동 중에 호흡곤란이 심해진다)으로 죽고 난 후 완성되었다. 그가 죽고난 후 유산 처리를 놓고 상속인들끼리 옥신각신 하다가 결국은 카지노 자산들을 처분하기로 결정을 했고 도널드는 곧바로 리조트 사의 경영권 확보를 위해 9,620만 달러를 지불한다. 그가 손에 넣으려고 했던 리조트 사는 6억 달러의 정크 본드 부채 더미와 두 개의 카지노를 가지고 있었는데 여러모로 주변 상황이 별로 좋지 않았던 시기였다. 아틀랜틱 시티에 있는 카지노들의 영업이 예전만큼 안됐고 더구나 타지 마할에 추가적인 비용이 52,500만 달러가 더 들어가야 할지도 모르는 상황이었다.

또 한 곳에서 세 개의 카지노를 소유할 수없다는 법 조항 때문에 도널드가 타지 마할을 완전히 소유하려면 그가 가지고 있던 카지노 중에 한 곳을 팔거나 아니면 소유자 명의를 다른 사람을 바꿔야 했다. 설령 타지 마할을 손에 넣는다치더라도 결국은 제살 깎아먹기 식으로 그나마 운영이 잘되고 있던 다른 두 개의 카지노들의 매출을 나눠먹어야 하는 일이 벌어질지도 몰랐다. 더우기 아틀랜틱 시티의 전체 경기도 점점 더 안좋아지고 있었기에 여러모로 무모한 선택처럼 보였다.

그 당시 아틀랜틱 시티의 인구수는 3만 5천 명이었는데 슬롯 머신은 총 18,000대가 넘었고 뉴저지 주에서 최고의 범죄율을 자랑하고 있었다. 카지노로 생긴 4만 개의 일자리는 대부분 타지역 사람들이 차지했고 시의 절반이 넘는 사람들은 생활보호 대상자로 지정되어 근근히 살아가고 있었다. 아틀랜틱 시티의 전임 시장은 직권 남용죄로 감옥에 들어갔고 다른 시 관리자들은 사리사욕을 채우기 위해 혈안이 되어 있었다. 오래된 휴양 도시를 새롭게 변모시키기는 커녕 카지노들로 인해 백인들은 해안가에 그들만의 집단 거주지를 형성하고 흑인들만이 시내에 남아 빈민들처럼 생활하고 있었다.

그에 반해 타지 마할을 가지게 되면 부수적으로 얻을 수 있는 것들이라고는 리조트 사가 바하마에 소유하고 있던 카지노 리조트와 아틀랜틱 시티에서 제일 좋은 요충지에 자리잡은 가장 큰 카지노를 소유할 수 있다는 사실 뿐이었다.

요트와 플라자 호텔

텔레비전 시티에 대한 계획이 물거품이 되면서 땅에 떨어진 명성을 다시 되찾기 위해 재빠르게 자서전을 출간하고 타지 마할을 사들이는 일로 사람들을 어리둥절하게 만들더니 얼마 안있어 더 황당한 일을 벌인다.

세계에서 세 번째로 큰 요트를 구입하는데 그 요트는 1970년 대 말 세계적으로 유명했던 무기 거래상인 아드난 카쇼기Adnan Khashoggi가 3천만 달러의 선박 건조 비용과 5천 5백만 달러나 들여 내부 시설을 호화스럽게 꾸미고 자신의 딸 이름을 따서 만든 나빌라Nabila라는 요트였다. 10년 후 카쇼기가 파산하면서 브루나이 국왕에게 빌렸던 돈 대신에 그 요트로 갚아 처치 곤란한 공룡같은 커다란 애물단지가 된 상태였다. 1987년 가을 도널드는 3,000만 달러를 들여 그 요트를 사들였는데 배에 새겨진 카쇼기의 딸 이름을 지우려면 돈이 들어가니까 백만달러를 깎아달라고 사정했다고 한다.

요트를 구입한 후 이름을 트럼프 프린세스Trump Princess로 바꾸었는데 11개의 손님용 객실과 2개의 인공 폭포와 52명의 승무원들이 잘 수 있는 4인용 선실들로 되어 있었다. 그 요트의 단점 중 하나는 배가 너무 커서 정박할 수 있는 곳이 흔치 않았다는 것이다. 도널드는 그 요트를 구입하고 새로운 자랑거리에 흠뻑 빠져 떠들고 다녔지만 실질적으로 그 배에서는 단 하룻밤도 묵지않았고 요트와 관련된 일은 아주 최소한의 관심만 보였을 뿐이다.

도널드가 그 요트를 구매한 이유는 항해를 하거나 요트위에서 쉬고 싶어서 그런게 아니라 도널드 트럼프라는 이름을 세계적으로 과소비의 대명사로 만들기 위한 하나의 상징물로 생각하고 구입했던 것 같다. 심지어는 요트를 손에 넣자마자 다른 데 팔고 더 큰 선박을 만들 생각을 하기도 했다. 그래서 아주 잠깐 독일에 있는 한 조선소를 인수해서 그곳에서 자신이 원하는 선박을 건조하도록 시키기도 했다. 그러는 와중에 트럼프 프린세스 호는 예전의 명성을 되찾으면서 도널드 왕자님의 전리품 중 하나로 톡톡히 그 임무를 성실히 수행해 나가고 있었다.

그와 동시에 도널드는 요트와 별도로 뉴욕의 59번가 모퉁이에 있는 중세 영국풍으로 지어진 플라자 호텔을 사들이는데 몰두하고 있었다. 저명 인사들이 주로 묵었던 고풍스러운 양식의 호텔이었지만 그 당시 숙박률이 곤두박질치고 있었다. 하지만 도널드는 그 호텔에 흠뻑 매료되어 충분한 자산 가치조차 실사를 하지 않고 무조건적으로 구입을 하려고 했으며 그로 인해 체인 호텔이 아닌 단일 호텔로는 최고가를 기록하는 액수였던 4억 7백 5십만 달러에 사들였다.

그 때 도널드와 함께 있었던 노만 번스타인Norman Bernstein 변호사는 그런 부동산을 구입할 때는 샅샅이 조사하고 난 다음에 최종 결정을 내리는 게 트럼프 가문에서는 당연한 일처럼 되어있었는데 플라자 호텔을 살 때만큼은 전혀 트럼프 가문답지 않은 거래 방식으로 진행되었다고 했다. 도널드 혼자 알아보고 혼자 결정을 해서 시티은행이 주가된 컨소시엄을 통해 구매 가격보다 2천만 달러가 더 많은 4억 2천 5백만 달러를 대출받았다.

그 때 도널드가 했던 행동을 두고 주위에 있던 사람들은 세계적으로 유명한 슈퍼스타가 어느날 갑자기 "영화를 한편 찍고 싶어졌는데 누가 제작비 좀 대줘봐"라고 하는 것처럼 보였다고 말했다. 그럼 그말을 들은 누군가가 도널드를 대신해 먼저 은행 사람들을 구워삶아 놓으면 그 후에는 도널드가 은행 문을 열고 들어가 몇 사람하고 악수를 나누면서 미소를 한번 날려주고 돈을 받아 나오는 그런 모양새였다고 한다.

그런데 이번 대출 조건에는 다른 것들과는 확연하게 틀린 조항이 하나 더 들어가 있었다. 1억 2천 5백만 달러에 대한 개인 보증이 필요하다는 내용이었다. 부동산 업계에서 그 정도로 크게 개인 보증을 서면서까지 남의 돈을 갖다 쓴다는 것은 어리석음을 떠나 죄악시 되는 정도였다.

도널드의 아버지도 개인 보증을 서면서까지 일을 벌인다는 것은 절대 생각한 적이 없었고 도널드도 딱 한번 아틀랜틱 시티에 있는 트럼프 플라자에 투자를 받을 때 뿐이었지만 그 때도 딱 열흘이라는 짧은 시간 동안에만 그랬다. 거기다 그 거래를 할 당시 플라자 호텔의 연간 현금 유동성은 고작 2천 만달러 미만이었고 그 금액은 이자를 감당하기에도 부족했다. 여러모로 납득하기 힘든 거래였다.

"나는 부동산을 산게 아니고 모나리자같은 걸작품을 하나 산겁니다. 내 인생에 있어 처음으로 경제적 가치를 따지지 않고 거래를 했는데 플라자 호텔이 성공적으로 운영된다고 하더라도 내가 지불한 액수를 정당화시킬 수는 없을 것입니다."라고 도널드는 뉴욕 타임즈에서 얘기했다. 하지만 그런 말 자체가 합리화를 시키기 위한 방편이었을지도 모른다.

플라자 호텔이 가지고 있던 엄청난 명성 때문에 도널드는 다른 건물들처럼 건물 외부에 자신의 이름을 새겨넣으려 하지 않았다. 플라자 호텔을 통해 큰 수익을 기대할 수는 없어보여도 그 호텔을 사들인 것은 잘 한 일이 아닐까 싶었다. 문제는 도처에 더 큰 골칫거리들이 둘러 싸고 있었고 거기에 플라자 호텔이 하나 더 추가된 것 뿐이었다.

멀어져만 가는 이바나와의 관계

이것저것 뒤엉켜 더욱 꼬이기만 하는 실타래처럼 주위가 온통 골머리를 썩게 만드는 일뿐이었다. 첫째는 아무런 수입도 없이 돈만 들어가고 있는 일들로 텔레비전 시티를 계획했던 철도 부지, 아틀랜틱 시티의 타지 마할 카지노 그리고 팜 비치에 있는 미분양된 아파트들이었고 두 번째는 아내인 이바나와 풀지 못하고 있는 숙제들이었다.

이바나는 헬리콥터를 타고 뉴욕과 아틀랜틱 시티를 오가며 일주일 중 3일은 아틀랜틱 시티에 있는 트럼프 캐슬에서 자신의 남편이 회사를 운영할 때 했던 방식을 따라하면서 나름대로의 경영 공부를 해나가고 있었다. 도널드가 하나부터 열까지 직접 챙겼던 것처럼 이바나도 모든 결재 서류에 사인을 하면서 의심쩍은 부분이 있으면 관리자들을 불러 꼼꼼히 짚고 넘어갔다. 그러면서 끊임없는 지시 사항을 전달해 밑에 직원들을 항상 긴장시켰다. 카지노에 대한 경험이 일천했음에도 이바나는 월 수입 면에서 트럼프 플라자를 앞지르게 만들어 그곳에 있던 카지노 경영의 베테랑들을 긴장시켰다.

이바나가 사업적으로 성공의 길을 갈수록 그녀의 남편과는 점점 더 멀어져 갔다. 도널드는 이바나와의 관계가 새롭게 다시 좋아지는 것을 별로 바라지 않았고 오히려 멀리 떨어져 있게 만들고 싶어

했다. 그래서 뉴욕에서 멀리 떨어진 아틀랜틱 카지노로 보낸 것이었는데 타지 마할에 손을 대기 시작하면서 자신이 싫어했던 환경 즉, 이바나와 같은 곳에 있어야 하는 일이 생겼고 더군다나 도널드는 자신의 애인과 계속 같이 있기를 원하고 있었다. 그래서 돌연 이바나를 트럼프 캐슬 책임자직에서 해고시키고 뉴욕에 있는 플라자 호텔을 맡아 운영해보라고 하면서 뉴욕으로 올려 보낸다. 물론 트럼프 캐슬을 성공적으로 운영한 것에 대한 보상으로 더 큰일을 맡기는 것이라고 얘기를 했지만 실상은 이바나를 멀리 떨어뜨려 놓고 싶어서 그랬다. 이바나가 없을때 여러 사람들이 모인 자리에서 도널드는 이바나를 흉보는 일이 많았다.

반면 이바나는 결혼 생활을 유지하기 위해 많은 애를 썼다. 남편이 자신에게 나이들어서 좀 무섭게 보인다고 투덜대자 비싼 돈을 들여 십년은 젊어보이게 성형 수술을 하고 나타났지만 그래도 도널드는 아무 관심을 보이지 않았다. 그녀의 남편은 2년 넘게 부부관계를 가지려고 하지 않았고 이바나의 가슴이 작아서 불만이라고 얘기를 했다. 그래서 이바나는 바로 전신 성형 수술을 했지만 이번에는 수술받은 가슴을 보고 마음에 들지 않는다고 했다. 한마디로 이바나가 어떤 일을 하든 어떤 말을 하든 도널드에게는 불만투성이였다.

제 꾀에 넘어간 도널드, 곤경에 빠지다

이바나랑 함께 있고 싶지 않았던 도널드가 어쩔 수 없이 아틀랜틱 시티로 갈 수 밖에 없었던 이유는 리조트 사에 생각지도 못한 문제가 발생해서였다. 원래 주식회사였던 리조트 사의 경영권을 완전하게 차지하기 위해서 주식을 매집했어야 하는데 주당 62달러였던 그 당시 주가보다 더 싸게 사려고 작전을 벌이기 시작했다. 타지 마할의 공사에 수억 달러가 추가로 들어가야 할 것 같다고 발표하고 리조트 사의 상황이 한치 앞도 내다 보지 못할 만큼 어둡다고 공식적으로 얘기를 했다. 그러자 주가는 49달러 이하로 떨어지더니 전체 주식시장의 악화에 힘입어 33달러까지 하락했다. 그리고 리조트 사의 파산설까지 나돌면서 22달러까지 곤두박질쳤다. 결정적으로 그가 맺은 경영 계약에 대한 청문회가 열렸을 때 리조트 사의 전망이 불투명하다고 발표해서 주가는 13달러까지 떨어진다.

흥분한 주주들이 소송을 제기하겠다고 들고 일어나자 도널드는 주식을 22달러에 매입을 하기로 약속하고 여유를 만끽하고 있던 중에 날벼락같은 소식을 접하게 된다. 8개월 동안 끝을 모르고 하락하기만 하던 주가가 갑자기 반등을 하기 시작했다는 보고를 받는다.

머브 그리핀Merv Griffin이라는 주식 시장의 큰 손이 리조트 사의 주식을 주당 36달러에 매입하겠다고 주주들에게 제안을 한 것이 밝혀지자 도널드는 당장 그리핀과 미팅을 가졌는데 두 사람은 여러 면에서 서로 닮은 점이 많았다. 그리핀 역시 자아도취가 심한 편이었고 말도 빠르고 참을성도 별로 없는 편이었는데 자신이 생각하는 아틀랜틱 시티와 타지 마할의 가능성에 대해 도널드에게 열변을 토했다. 그로부터 둘은 자신들의 입장만을 내세우면서 한치의 양보도 없이 거래를 하기 시작했고 결국 도널드는 경영권을 포기하는 조건으로 6천 3백 7십만 달러를 받고 대신 리조트 사의 자산 중에서 타지 마할만 2억 7천 3백만 달러에 인수를 하고 그리핀은 그 외의 리조트 사의 자산을 모두 가져가는 것으로 거래를 마무리 짓는다. 외관상으로는 서로가 원하는 것들을 가져가는 거래가 되었지만 그리핀은 리조트 사가 갚아야 할 6억 달러의 부채까지 떠앉은 셈이 되었다.

몇 달 동안이나 언론들은 둘 사이에 최후의 승리자는 누가 될 것인지 그리고 얼마나 크게 이길지를 놓고 추측 기사들을 내보냈는데 전체적으로 놓고 봤을 때는 그리핀에게 더 힘겨운 싸움이 되고 있었다. 시작과 동시에 그리핀은 3억 2천 5백만 달러의 정크 본드를 또 끌여 들여야 했고 정크 본드라는 것은 앞에서도 잠깐 나왔었지만 카지노 산업에서는 꿀맛나는 달콤한 독이었다. 결과적으로 리조트 사를 인수하긴 했지만 최종적으로는 파산으로 가는 결과를 맞이하게 된다.

그럼 도널드에게는 어떤 영향이 있었을까? 도널드 역시 정크 본드로부터 자유롭지 못했다. 주식을 사모으기 위한 자금과 기존에 소유하고 있던 두 곳의 카지노의 자금 문제를 해결하기 위해 도널드도 베어 스턴즈Bear, Stearns로부터 정크 본드를 유입한 적이 있었는데 이번에는 좀 더 자기 마음대로 자금을 굴리고 싶은 욕심이 생겨 조건이 훨씬 더 위험해 보였던 메릴 린치Merrill Lynch로부터 자금을 투자받는다.

그리고 두 번째 문제는 타지 마할의 완공 시점이 예상보다 자꾸 늦어진다는 것이었다. 전 소유주였던 짐 크로스비가 살아있을 때는 돈만 잡아먹는 괴물이었던 타지 마할은 짐 크로스비가 죽고 난후에는 관리를 제대로 하지 못하면서 계속 방치된 채로 있었기 때문에 도널드도 예상치 못했던 문제들이 곳곳에서 발생을 했다. 또 그 당시 도널드는 울맨 스케이트장의 공사에 더 매달릴 수밖에 없는 형편이어서 공사비 자체도 갈수록 쪼달리고 있던 상황이었다.

골치덩이리들

애인인 말라 메이플스, 아내인 이바나, 타지 마할, 요트, 텔레비전 시티를 지으려고 했던 철도 부지 그리고 여전히 미분양된 상태로 남아있는 팜비치의 트럼프 플라자, 플라자 호텔의 매입 등 보통 사람같으면 정신줄을 놓을법도 한 상황인데 우리의 도널드는 또 다른 이해안되는 행동을 벌인다. 이스턴 항공사가 소유하고 있던 21대의 보잉 727기를 사들여 트럼프 항공사를 만든다.

한편으로 생각하면 트럼프의 대중적인 명성에 어울릴법한 사업처럼 보이기도 했지만 실제로 항공 사업이라는 것이 가격 정책이라는 측면에서 경쟁이 극도로 치열하고 한 순간에 망할 수도 있는 위험 부담이 굉장히 큰 업종이었다. 거기다가 항공 사업에 대해 아무것도 모르는 사람에게는 더했다.

주위의 심한 만류에도 불구하고 도널드는 3억 6천 5백만 달러의 거래를 성사시킨다. 그 무렵쯤 도널드는 자신이 전에 3천 1백만 달러에 사들였던 호텔을 1억 8천만 달러에 팔아 1억 달러가 넘는 차액을 남겨 부동산 사업에 대한 감을 잃지 않고 있음을 보이기도 했다. 또 그 일로 인해 항공 사업에 진출하려는 자신을 강하게 말리고 있던 주위 사람들의 입을 완전히 닫게 만드는 계기도 되었다.

몇 차례의 소송과 노조의 강력한 반발을 겪은 후 마침내 트럼프 항공사가 본격적으로 운항을 시작하게 되고 도널드는 한 대당 백만 달러를 들여 최고급으로 개조를 했다고 자랑을 늘어놓기 시작했다. 애석하게도 그가 그렇게나 좋아하던 대리석으로 바닥을 깔지는 못했다. 대신 최고급으로 보이게 만들기 위해 단풍나무로 된 합판을 벽에 두르고 가죽 시트와 화장실에는 금장을 두르게 했다.

트럼프 항공사가 시장에 뛰어든지 얼마 안되 펜암 항공이 경쟁적으로 시장에 뛰어들면서 시장 나눠먹기가 진행되었다. 하지만 처음부터 예상을 하고 시작한 일이었고 도널드가 항공기를 사고 개조하기 위해 빌렸던 3억 8천만 달러에 대한 이자를 내기 위해서는 60% 이상의 탑승률을 유지해야 했다. 플라자 호텔을 구입했을 때처럼 씨티 은행에서 개인 보증을 해가면서까지 돈을 빌렸다. 항공사 운영을 맡고 있던 브루스 노블즈Bruce Nobles는 항공사에서 그렇게까지 많은 차입금을 쓰는 경우는 한번도 보지 못했다고 하면서 걱정스러워 했다.

씨티 은행 담당자조차도 항공사를 운영해본 경험이 없는 도널드가 부동산 일에 대한 경험만 믿고 너무 무리하게 일을 몰아붙이는 건 아닌가하고 불안해 했다. 하지만 도널드는 아무 걱정하지 말라고 했으며 앞으로 어떻게 해 나가야 할지 너무 잘 알고 있다고 말했다.

트럼프 항공사가 운항을 시작한지 5개월 째로 접어들었을 때 30년만에 최악의 시장 침체를 맞게 되고 거기다가 유가 상승으로 인한 불황이 겹치자 노블즈는 급기야 트럼프 오거니제이션에 대출 이자를 갚기위한 자금 지원을 요청한다.

그런 보고를 받은 후 도널드는 말도 못할 정도로 심각한 고민에 빠지게 되었고 노블즈는 그때의 상황을 이렇게 말했다. "도널드는 각각의 사업체가 완전히 독립적으로 운영되어서 스스로 살아남거나 아니면 죽기를 바라는 것처럼 보였다. 그래서 자신이 운영하고 있던 사업체끼리도 치열하게 경쟁을 벌이면서 필요하면 상대를 죽일 수 있을 정도가 되어야 한다고 생각했다."

노블즈는 각각의 사업체가 서로 정보를 공유해서 예약률을 높일 수 있는 쪽으로 시너지 효과를 볼 수 있게 하자고 했지만 그런 제안은 분명 도널드가 기본적으로 가지고 있던 경쟁 속에 살아남아야 한다는 원칙에 위배되는 것이었다.

이해하기 힘든 도널드의 야망

도널드의 전략을 예측하기란 무척 힘들다. 도널드는 세계적인 기업가로 이름을 날리면서 항상 사람들의 생각을 뛰어넘어 아무도 예상할 수 없었던 일들을 벌여 사람들의 시선을 집중시켰다. 그가 했던 모든 거래가 다 성공적이거나 거대한 것만 있었던 것은 아니었지만 대부분 놀라운 거래였다는 사실만은 분명하다.

기업가라는 의미는 한편으로 보면 거래의 해결사 노릇을 해야 하는 사람을 말한다. 시장을 보고 어디가 돈이 될지를 판단한 후에 돈이 되는 쪽으로 움직이는 게 그들이 하는 일이다. 그런 측면에서 보면 도널드는 예술적 경지에 오른 거래의 기술을 가지고 있었다. 그런 면에서 도널드보다 못한 사람들이 도널드를 거래에 미친 사람이라고 조롱했을지도 모른다. 어쨌든 도널드가 거래에 있어서만큼은 예술적인 경지에 올랐던지 아니면 그들 말처럼 거래 중독에 걸렸든지 아니면 둘 다인지는 모르겠지만 도널드는 계속적으로 자신의 영역을 넓혀나갈 궁리만 하고 있었다. 마이너리그에 있는 작은 야구팀을 백만달러에 사들이고, 아메리칸 에어라인American Airlines과 영화사인 유니버설 픽쳐Universal Pictures와 MCA 레코드 사의 주식도 사들이면서 경영권 참여 루머를 퍼뜨려서 주가를 띄우고 트럼프 카드라는 TV 퀴즈쇼를 제작하기도 하는가하면 아틀랜틱 시티에 있는 트럼프 플라자 카지노 앞에서 끝나는 장거리 자전거 경주 대회를 개최하기도 했다.

모든 분야에서 최고로 거듭나는 법을 알고 있는 사람처럼 도널드에게 불가능이란 없는 듯 해보였다.

그 무렵 1989년 가을에 뉴욕에서 도널드와 회의를 마치고 아틀랜틱 시티로 돌아가던 카지노 중역 세 사람이 헬리콥터 추락 사고로 목숨을 잃는 일이 발생한다. 그나마 그럭저럭 돌아가고 있던 카지노 운영과 관련해서는 너무 큰 손실이었으며 도널드에는 더 큰 수심을 안겨주게 되었다.

한편 2년 가까이 두 집 살림을 몰래 유지해올 수 있었지만 슬슬 여기저기서 수군거리는 말들이 새어나오기 시작했다. 유명인들의 사생활만을 다루는 타블로이드 신문 기사에서 심심치 않게 도널드에 대한 루머들이 실리기도 하면서 도널드의 정부였던 말라 메이플스의 존재도 알게 모르게 조금씩 퍼지기 시작했다.

그가 벌였던 모든 일들이 무너지기 시작한다면 가장 크게 타격을 받는 사람은 도널드 자신이었다. 요트를 사거나 항공사를 사들이듯이 매번 새로운 것을 사고 새로운 일들을 벌이는 것은 한 소년이 품었던 커다란 야망을 실현해 나가는 일과는 동떨어져 보였다. 새로운 일을 벌일 때마다 자신이 가지고 있던 재산 뿐만 아니라 자신의 운명도 좌지우지 될 수 있을 만큼 위험성이 커보였다. 마치 언제 쓰러질지 모르는 건물을 가지려고 발악을 하는 사람처럼 보이기도 했다.

하지만 도널드는 절대 멈출 생각을 하지 않았다. 타지 마할이 오픈하면서 그가 했던 모든 이해하기 힘든 거래들의 암울한 미래가 현실로 다가오기 시작했다. 엄청난 공사비를 복구하기란 불가능해 보였고 그로 인해 엄청난 손실을 보게 될 것이고 다른 카지노들까지 같이 망하게할지도 모르는 일들을 내포하고 있었던 타지 마할 카지노였다.

파탄으로 치닫는 도널드

몇 년 동안 도널드는 때론 무모해 보이기까지 하는 엄청난 일들을 벌여왔지만 끝내 하지못한 딱 한 가지 일이 있었다. 바로 자신의 아내에게 모든 걸 털어놓고 둘 사이의 관계가 끝났다는 사실을 얘기하는 것이었다. 훗날 도널드는 그때의 일을 떠올리며 이렇게 말했다고 한다. "나는 이바나에게 모든 사실을 솔직하게 얘기를 했어야 하는데 그렇게 하지못했다. 도저히 이바나 앞에서 그런 얘기들을 숨김없이 털어놓을 수 없었다."

이바나 역시 둘 사이가 점점 걷잡을 수 없을만큼 멀어져가고 있다는 사실을 인정하지 않을 수 없게 되었고 말라 메이플스는 그녀 나름대로 사람들의 시선을 피하면서 몰래 숨어지내야 한다는 사실과 대중들 앞에 나설 때는 도널드의 옆에 자신이 아닌 그의 아내가 자리잡고 있는 것을 볼 수밖에 없다는 사실 때문에 지쳐가고 있었다.

1989년 크리마스 휴가 기간에 도널드는 아스펜Aspen 호텔로 그의 가족을 전용기에 태우고 갔다. 그리고는 몰래 말라 메이플스를 그곳으로 불렀다. 새해를 맞이하기 전날 스키장에서 두 여자가 드디어 맞닥뜨리게 된다. 이바나는 말라 메이플스에게 도널드 근처에서 얼씬거리지 말고 꺼지라고 소리치며 밀쳐냈다.

그 광경을 본 파파라치들에 의해 순식간에 소문이 퍼져나가 많은 사람들이 그동안 도널드가 바람을 피고 있다는 소문이 사실이었음을 알게 되었다. 하지만 믿고 싶지 않던 사실에 직면해 그 누구보다 더 큰 충격을 받은 사람이 있었으니 바로 도널드의 아내인 이바나였다.

모든 불행한 결혼 생활들 안에는 남들이 알지 못하는 부부 둘만의 문제가 있기 마련이다. 이바나는 겉으로 보기에는 부족한 게 없이 흡사 왕비와 같은 생활을 누리고 있었지만 그녀는 집에서 조용히 내조를 하는 스타일에는 어울리지 않았다. 그리고 도널드는 자신의 어머니처럼 남편이 밖에서 일을 하고 돌아와 편하게 쉴 수 있게 집안을 꾸려가는 그런 스타일의 배우자를 선택했어야 했다. 하지만 어머니가 집안 일을 하고 있을 때조차 이것저것 참견하며 잔소리를 늘어놓는 타고난 잔소리꾼인 자신의 아버지를 닮은 여자와 결혼을 하는 결정적인 실수를 범했다. 또 이바나는 그녀의 남편이 자신과 가족을 마케팅 도구로 사용하는 것을 받아들일 수 없었다. 여기저기 붙어있는 트럼프라는 이름 즉, 트럼프 타워, 트럼프 프린세스 호 등과 그것들을 찍은 사진을 사람들에게 보여주기 위해 곳곳에 걸어놓는 누구나 정상이 아니라고 생각했을 법한 그런 행동들을 이해할 수 없었다.

도널드는 오랫동안 호화스러운 부를 누리며 일하고 생활하는 모습만 주로 비춰지게 주력했는데 그의 인간성도 계획적으로 포장한 부분도 있다.

다른 사람과 있을 때 그의 유일한 목표는 자신이 무엇을 얻을 수 있는지였으며 다른 사람의 도움이 필요할 때면 극도의 친절함을 보였고 반대로 아무 것도 얻을게 없는 사람이라고 판단되면 냉기만 감돌 뿐이었다. 자신의 이름을 내걸고 하는 자선 행사에만 참석을 했었는데 그것도 그 자선 행사가 어떤 의미를 지니고 기부금이 어떻게 쓰이는지에는 관심없이 자신의 이름이 어느 정도 영향력을 가지고 있는지만을 궁금해 했다. 또 자신을 항상 분주하고 심각한 일을 처리해 나가는 사람으로 남들이 봐주기를 바랬기 때문에 사업계의 거물들과 점심을 먹다가도 갑자기 급한 일이 생겼다고 하면서 먼저 자리를 뜨곤했다. 그리고는 집에 들어가 티비를 보면서 스파게티나 햄버거를 먹기도 했다.

하지만 이바나는 도널드가 만들어 놓은 수많은 허상들을 알고 있었다. 그녀는 트럼프 가문에서 벌어지는 일들을 직접적으로 겪을 수 있었고 제일 성확히 일 수 있었을 것이다. 수많은 신문과 잡지를 통해 트럼프 왕국의 모습들이 전달되곤 했지만 이바나는 그 왕국의 왕비가 될 수는 없었다. 도널드의 왕국에는 왕 한사람만 존재할 뿐이었다.

도널드는 왕비가 아닌 말 잘듣는 후궁을 원했던 것 같다. 밤늦게 집에 돌아오면 편하게 쉬기를 바랬을 뿐이었고 어쩌다 일 얘기가 나오면 그건 순전히 자신이 했던 일을 자랑하는 시간이 되어야지 귀찮게 이것저것 따져 묻고 구체적으로 파고드는 질문을 하는 말들을 듣고 싶어하지 않았다.

그 당시 도널드와 말라 메이플스를 지켜본 사람에 따르면 말라 메이플스는 순종적이었고 사람들이 모인 자리에서도 도널드가 여러 사람들과 어울려 얘기하고 있을 때 그와 떨어져 조용히 자리만 지키고 있었다고 한다.

아스펜에서의 일이 터지고난 한 달 뒤 플레이보이지와의 인터뷰에서 도널드는 자신의 결혼 생활에 대해 앞으로 어떻게 할지 확실하게 말하지 않았고 얼마 후 이바나가 먼저 이혼할 준비를 하기 시작한다. 이혼 전문 변호사를 물색하고 홍보 담당자를 고용하는가 하면 가십gossip 전문 컬럼니스트인 리즈 스미스Liz Smith와 만난다. 세상 모든 시선들이 이바나는 피해자이고 도널드는 나쁜놈으로 몰아붙이고 있었기 때문에 이번 만큼은 예전처럼 자신을 옹호하는 언론 플레이를 펼칠 수도 없었고 이바나의 움직임들을 조용히 바라볼 수 밖에 없었다.

나라 안의 모든 신문들이 도널드는 뭐라고 얘기를 하고 이바나는 뭐라고 얘기하는지 시시콜콜한 것까지 다 다루고 있을 때 이바나는 막대한 위자료를 달라고 요구했고 도널드는 새로 갱신한 결혼 계약에 의거해서 절대 천만달러 이상은 줄 수 없다고 단호하게 거절한다. 그렇게 서로가 서로를 물어 뜯고 때론 대중들의 동정심을 유발하고자 하는 한 남편과 한 아내의 이야기는 한동안 신문들에게 아주 좋은 기사거리를 무궁무진하게 전해주게 되었다.

한편 말라 메이플스에게서도 기사거리를 건지기 위해 수많은 취재진들이 벌떼처럼 몰려들어 잘 알려지지 않았던 그녀의 사생활과 성장 과정에 대해 시덥지 않은 내용까지 들춰내 경쟁적으로 기사화 시키려 했다. 일부 잡지에서는 말라 메이플스가 고등학교와 대학교 때 사귀었던 남자 친구들에게 취재비를 주고 인터뷰하기도 했다. 그러면서 서로 더 자극적인 헤드라인을 뽑아내기 위해 혈안이 되었는데 그중 뉴욕 포스트지에서 '최고의 잠자리 상대'라는 제목으로 기사를 실었고 이것은 엄청난 반향을 일으켰다.

도널드와 그의 부모 그리고 회사 직원들까지 그 기사에 모두 경악을 금치못했으며 극도로 분노를 했다. 특히 트럼프 항공사의 브루스 노블은 도널드에게 회사를 다니는 여자들이 출장길에 그렇게 추잡한 기사의 주인공이 운영히는 항공사의 비행기는 타지 않을게 분명하기 때문에 걱정된다고 말했다. 하지만 도널드의 대답은 역시 걸작이었다. "그럴수도 있지만 남자들은 반대로 좋아할걸"이라고 말했는데 실제로 그런 일이 벌어지지는 않았다. 트럼프 항공사의 시장 점유율은 나날이 떨어지고 있었는데 주된 이유는 비행기를 이용하는 승객들이 세계적인 이혼 소송에 휘말려 있는 사람이 자기 개인사를 처리하느라 비행기의 안전 문제를 소홀히 하지나 않을까 하는 걱정들을 대부분 했기 때문이었다.

은행들도 개인사로 복잡하게 휘말려가고 있는 도널드를 걱정스럽게 바라보고 있었다. 그전까지는 유능하고 똑똑한 거래 해결사의 이미지만 있었던 도널드에게 대출을 해주었지만 지금의 도널드 모습은 복잡한 결혼 생활에 망가져만 가는 그의 이미지 때문에 타격을 받지않을까 우려하게 되었다.

그리고 1990년 4월 5일 타지마할의 오픈식이 열리던 날 말라 메이플스는 처음으로 공식적인 자리에 도널드와 함께 참석하기로 계획됐었는데 도널드 가족들이 극구 만류해 결국은 도널드 혼자만이 그 자리에 서게 되었다.

타지 마할로부터 시작된 경고등

타지 마할은 총 11억 달러 이상의 공사비가 들어갔고 그 중 약 7천 5백만 달러는 도널드가 개인 신용 보증을 서고 대출 받은 돈이었다. 이자 비용을 충당하기 위해서는 매일 백 3십만 달러 이상을 벌어들여야 했고 그 돈은 다른 아틀랜틱 카지노들의 일반적인 하루

매상을 훨씬 웃도는 금액이었다. 그리고 그 돈은 엄청난 숫자의 카지노 방문객들이 와서 돈을 따려고 미쳐 날뛰어야만 가능했다. 그렇게 만들기 위해 도널드는 예전에 트럼프 타워에서처럼 많은 사람들을 끌어모으기 위해 최대한 화려하게 지을 수 밖에 없었고 인도에 있는 원래의 타지 마할과는 다르게 아름답지도 평화스러운 모습도 전혀 찾아볼 수 없이 도널드만의 방식으로 세계 곳곳의 수백만 사람들의 시선을 사로잡기 위해 독특하고 기억에 남는 건축물로 지으려고 했던 것 같다.

타지 마할의 내부에는 총 3,010대의 슬롯 머신이 있었고 160개의 카드 게임을 위한 테이블이 있었다. 카지노 호텔의 특실은 역사적인 인물들의 이름을 따서 만들었는데 그 중 알렉산더라는 최고 특실은 하룻밤 숙박료가 만 달러였다. 도널드는 타지 마할을 세계 8대 불가사의 중 하나라고 자화자찬을 했다.

하지만 카지노 전문가들의 부정적인 의견과 도널드가 자금을 마련하기 위해 조만간 카지노를 팔지도 모른다는 기사가 발표되면서 도널드에게 돈을 대출해주었던 금융권들마저 동요를 일으키기 시작했다. 또 1년 전까지만 해도 도널드의 순 자산이 10억 7천만 달러라고 발표했던 포브스지는 그 해 도널드의 순 자산이 절반으로 뚝 떨어진 5억 달러라고 발표했다. 타지 마할이 문을 연 첫 달에 엄청난 수의 방문객이 있었음에도 불구하고 손익분기점을 넘기지 못했고 오히려 트럼프 캐슬과 트럼프 플라자 카지노의 수입을 갉아먹는 결과만 불러왔다. 타지 마할에서는 직원들을 정리하기 시작했고 트럼프 항공사에서는 무료로 제공했던 신문과 커피 서비스에 대한 비용을 승객들에게 부담시켰고 라스베가스에 있던 트럼프 오거니제이션 소유의 부동산 개발 회사 한 곳도 문을 닫았다.

1990년 6월 도널드에게 그전에도 직격탄을 날렸던 월스트리트 저널의 네일 바스키Neil Barsky 기자는 또 한번 특종을 터뜨린다. '위태로운 제국' 이라는 타이틀로 실렸던 특집 기사에서 바스키 기자는 도널드가 타지 마할을 오픈하지 두 달도 안되어 재정적으로 심각한 위기 상태에 빠졌다고 보도하면서 자금을 마련하기 위해 뉴욕에 있는 4개의 주요 은행장들과 비밀 회동을 가지고 있다고 말했다. 총 20억 달러에 이르는 은행 부채와 카지노에 얽혀 있는 정크 본드는 10억 달러가 넘고 그리고 더 가혹한 현실은 그 중 도널드 자신이 보증을 섰던 8억 달러였다.

10년도 채 안되는 기간 동안 도널드는 돈만 삼키고 남는 건 없는 블랙홀이 되어있었다. 하루에 백만 달러 꼴로 1년이면 3억 5천만 달러를 이자로 내야 했고 그건 도널드의 수입을 훨씬 넘는 돈이었다. 더욱이 그가 거느린 곳 중에서 그랜드 하이야트와 트럼프 타워 두 곳만이 순수입이 발생을 했다. 그 당시 은행 관계자 중 한명은 도널드가 요트나 호화 맨션과 같은 불필요한 자산을 처분해서 좀 더 검소하게 사는 방법을 배워야 할 필요가 있다고 얘기를 했다.

지금까지 트럼프 집안은 다른 회사의 파산을 이용해 그것을 발판삼아 크게 성장을 이루어왔다. 하지만 지금 그 순간은 도널드가 파산을 불러일으키는 부채에서 벗어나기 위해 발버둥쳐야 하는 당사자가 되었다. 파산에 직면한 회사들이 부채를 탕감받기 위해 자산 정리 절차를 거칠 때 옆에 있다 알맹이만 쏙쏙 빼먹었던 트럼프 가문이었지만 이제는 자신들의 자산을 다른 사람들이 가져가는 것을 지켜볼 수 밖에 없는 처지가 되어가고 있었다.

하지만 그때까지만 해도 도널드는 어느 은행이나 투자사들도 도널드라는 이름이 가져다 주는 효과를 쉽게 거부하지 못할 것이라고 확신했으며 그로인해 대출 규정도 자신에게만큼은 까다롭게 적용하지 못할 것이라고 생각했다. 또 1980년대 말까지만 해도 부동산 시장이 호황을 누리고 있었기 때문에 마음만 먹으면 언제든 쉽게 부동산을 처분하거나 담보로 다시 대출을 받아서 재정 상태를 양호하게 유지할 수 있었다. 하지만 문제는 엉뚱한 곳에서 시작이 되었는데 제 3세계 국가들에게서 촉발된 심각한 부채 상환 위기가 결국은 서로 앞다투어 돈을 빌려줬던 금융 투자사들의 목을 죄기 시작했다. 그 결과 잘나가는 것처럼 보였던 은행들은 이제 자신들의 앞날을 걱정해야 하는 상황에 처하게 됐는데 중앙 은행에서 체이스 맨하탄 은행을 감사하면서 먼저 악성 부동산 담보 대출 문제를 정리하라고 지시한다.

은행들의 무분별한 대출이 위기를 키우다

도널드의 아버지 프레드가 건축일을 할 때만 해도 정부의 주도 아래 은행과 S&L(Savings and Loan association, 저축 대부 조합 - 우리나라의 신용 금고에 해당되는 미국의 지역 금융기관)이 각각의 영역을 가지고 금융계를 움직이고 있었다. 은행들은 부동산이나 기업 대출을 통해 이윤을 창출했고 S&L들은 주택 담보 대출이나 개인 저금을 유치해 유지해 나가고 있었고 그 두 군데 기관에서의 대출 이자는 별 차이 없이 비슷하게 고정 금리 형태였다. 1970년 대 말 베트남 전쟁으로 인해 재원을 확보하기 위한 국가 정책에 따라 이자율이 높아지면서 은행들이 무차별적인 대출 전쟁을 벌여 대상이 누구이던 대출 조건을 낮추는 대신 이자율을 높여 나갔고 그에 반해 S&L은 까다로운 법에 묶여 시장을 빼앗기게 되었다.

하지만 레이건 정부가 들어서면서 S&L에 대한 법 규제를 대폭 완화시켜주었고 그로 인해 은행들이 가지고 있던 시장을 넘보게 만들었다. 예전에 서로가 안정적으로 차지하고 있던 영역에 대한 보호막이 없어지고 전면적인 경쟁 체제가 되면서 은행들은 수입을 올리기 위한 새로운 자원을 찾기위해 혈안이 되었고 그로인해 전에는 생각하지도 못했던 대출 상품들을 만들어 내기 시작했다. 주요 은행들은 도널드의 경우처럼 공사를 위해 필요한 돈이 아닌데도 대출을 해주는 일을 마다하지 않았고 그것을 통해 엄청난 수수료를 챙기는가 하면 신디케이트 론(두 개 이상의 금융 기관이 같은 조건으로 한 기업에 대규모 자금을 빌려주는 것)을 만들어 대출을 해주면서 한푼이라도 이자를 더 받아 수입을 만들어 나가려고 혈안이 되었다.

도널드에게 서로 경쟁적으로 대출을 해주기 위해 편법까지 동원했던 은행들은 일종의 모럴해저드(moral hazard-도덕적 해이)에 빠지게 되었다. 일반적인 경제의 논리에서는 위험이 클수록 손실에 대한 대비책이 확실히 마련되어야 하는게 정상이지만 도널드의 경우에서는 은행들은 아무런 대비책 없이 위험 속으로 스스로를 빠뜨린 셈이었다.

구제 금융을 신청하다

약 90개에 달하는 투자 기관들이 도널드의 구제 금융 신청 대상자들이었고 또 수많은 은행 책임자들과 변호사, 회계사들이 마라톤 협상을 벌여 나가야 했다. 뉴욕, 플로리다, 뉴저지, 일리노이즈, 캘

리포니아에 있는 은행들 뿐만 아니라 일본, 아일랜드, 브라질, 한국, 프랑스의 투자사들까지 포함된 도널드의 구제 금융 신청이 받아들여지지 않는다면 도널드는 모든 걸 잃어야 하는 상황까지 직면하게 되었다.

도널드가 구제 금융 신청을 하고 난 후 각종 이자를 내지 못하게 되고 또 밀린 공사 대금을 지불하지 못하자 일부 업체는 타지 마할에서 자신들이 지었던 부분을 헐어내겠다고 협박을 하기도 했고 또 어떤 업체는 자신들이 파견한 기술자를 철수시켜 카지노에 에어컨이 제대로 돌아가지 않기도 했다. 사후 대책을 마련하기 위한 투자자들 사이의 격렬한 논쟁이 수도 없이 벌어진 끝에 차츰 향후 어떻게 할지에 대한 계획이 서서히 가닥이 잡혀나갔다. 보통 채무자들을 보면 아무런 저항도 없이 채권자들이 파산 절차를 어떻게 처리해나가는지 가만히 지켜볼텐데 도널드만큼은 달랐다. 도널드라는 채무자는 오히려 더 세게 나가고 있었다.

결국 채권자들은 도널드의 요구를 들어주기로 했는데 그 이유는 도널드가 아무리 파산에 내몰렸다 하더라도 대중들의 시선을 받고 있는 스타였기 때문이었다. 협상과정 내내 수많은 신문사와 TV 방송국들이 협상장 밖에서 진을 치고 기다리면서 진행 과정을 보도할 만큼 도널드는 사람들의 시선을 사로잡고 있는 대단한 스타였다.

협상장에서도 도널드는 엄청난 빚을 지고 있는 사람답지 않게 당당해보였다고 하는데 아마 그렇게 하는게 도널드에게는 최선이었다고 생각했던 것 같다. 결국 채무자들 모두는 도널드의 채무가 너무 커서 그를 파산으로 몰아가는 것을 꺼려했고 또 그런 악역을 맡는 모습을 대중들에게 보여주기 싫어했다. 결국 도널드에게 다시 한번 칼자루를 넘겨주게 된다.

채권자들은 도널드에게 파산 결정을 내리지 않고 계속적으로 사업을 진행해 나갈 수 있게 결정을 내렸다. 그렇게 할 수 밖에 없었던 주된 이유는 그 무렵 부동산 시장도 바닥에 머무르고 있었기 때문에 도널드 소유의 부동산을 처리하는게 별다른 매력이 없어보였다. 또 카지노를 가져가려면 복잡한 허가 절차를 받아내야 하는 문제점이 있었기 때문에 그건 더 힘들어 보였다. 그리고 무엇보다 도널드의 개인적인 로비도 한 몫 했던 것처럼 보였다.

파산 결정대신 채권자들은 수많은 격론 끝에 부동산 시장이 좋아지게 되면 자산 가치가 지금보다 더 높아지고 또 도널드가 회생을 해서 돈을 계속 벌어들이는게 현재의 자산을 매각하는 것보다 대출금을 한푼이라도 더 받을 수 있다고 결론을 내리면서 도널드의 요구를 수용하는 쪽으로 결정을 내린다. 최종 결정에 따라 30억 달러의 부채를 안고 있는 도널드에게 먼저 2천만 달러를 대출해주고 5년간 총 6천 5백만 달러의 구제 자금을 지원해주기로 한다. 더 낮은 이자율로 그것도 도널드의 은행 부채 중 절반 정도는 이자도 유예시켜준다는 조건이었다.

하지만 그 안에는 모기지 론과 정크 본드에 대한 구제책은 포함시키지 않았다. 그리고 도널드에게 CFO(재무담당 최고 책임자)를 회사 내에 두라고 지시했고 그에 따라 자금 집행 계획아래 일을 하라고 했으며 또 개인적인 생활비로 한 달에 45만달러 안에서 검소하게 지내라고 권고했다. 도널드가 성인이 되고 나서 처음으로 다른 사람의 간섭아래 살아가는 경험을 가져보는 시간이었다.

그렇지만 도널드는 자신이 가지고 있는 어떤 소유물도 결코 팔지 않으려고 완강하게 나왔다. 경기가 다시 좋아진다면 모든 게 다 해결될 수 있을 것이라고 강한 자신감을 보였다. 어떻게 보면 도널드는 대중적인 관심을 한 몸에 받을 줄 아는 그의 탁월한 능력 때문에 살아남을 수 있었다고도 볼 수 있었지만 도널드는 그런 사실은 절대 인정하지 않으려고 했다.

벼랑 끝에서 살아남다

$ $ $

    1990년 8월 중순 뉴저지 카지노 위원회는 7월의 매출 통계치를 발표했다. 전통적으로 7월은 1년 중 매출이 제일 좋은 달이었는데 발표된 자료에 따르면 매출이 급감한 것을 볼 수 있었다. 더구나 타지 마할이 오픈하면서 아틀랜틱 시티의 카지노 수가 늘어났음에도 불구하고 전체 매출액은 1년 전에 비해 형편없이 떨어졌다. 그리고 총 12개의 카지노 중 아홉군데의 카지노에서 적자가 발생했다. 트럼프 플라자의 수입은 24%나 떨어졌고 트럼프 캐슬은 30% 이하로 떨어졌으며 타지 마할은 개장한지 3개월이 지나도록 여전히 손익분기점에 다다르지 못하고 있었다.

    그 무렵 도널드는 구제 금융을 받아내기 위해 동분서주하

CHA. 08 Pulling Back from the Brink

고 있을 때였다. 고등 법원에 그가 제출한 자료들 속에서 그동안 얼마나 많은 돈을 어디서 대출받았는지 그리고 재산은 총 얼마나 되는지 등이 자세하게 밝혀졌는데 도널드가 가진 재산을 전부 정리해서 빚을 갚는다 해도 3억 달러가 모자른다는 것이 알려졌다.

은행의 구제안에 대한 청문회가 최종적으로 열리던 날 도널드는 최종 찬반 여부를 가리는 투표 결과를 초조하게 밖에서 기다리고 있었다. 만약 청문회에서 구제안이 부결된다면 그에 따라 카지노 허가권을 자동적으로 상실하게 되었기 때문에 도널드를 더 초조하게 만들었다.

언론사 기자들에게 말했던 대로 그는 정말 자신의 회생을 위해 최선을 다했다. 도널드는 자신이 경제적으로 위기에 빠지게 된 원인은 자신이 잘못해서가 아니라 이라크 후세인의 쿠웨이트 침공으로 인해 전 세계가 경기 침체에 빠진데 따르는 것이라고 주장했다.

그러면서 자신이 처한 상황이 그렇게 나쁘지만은 않다라고 말하면서 전체적으로 봐서는 아무런 문제없이 잘 돌아가고 있다라고 했다. 항공사는 살 운영되고 있고 터지 마할이 자신의 다른 카지노들과 시장 나눠먹기 식의 매출이 일어난다고는 하지만 충분히 헤쳐나갈 수 있는 문제였으며 자신이 거느린 사업체 중 한 곳에서 파산이 일어난다 해도 그건 개별적인 문제지 전체를 위협하지는 못할 것이라고 말했다.

변호인단과 경호원들에 둘러싸여 플래시 세례를 받으며 청문회장 안으로 들어가는 그의 모습은 3년 전 출간했던 자신의 자서전 속에서 언급했던 위대한 사업 전략가와는 거리가 멀어 보였다.

그 순간 제일 우려했던 것은 누군가 반대 의사를 밝히면서 그 자리를 난장판으로 만들거나 하는 점이었다. 90개나 되는 은행들 중 일부도 될 수 있었고 특히 카지노 관리 위원회도 어떻게 나올지 모르는 채 그 자리에 있었다. 카지노 관리 위원회에서는 그동안 30억 달러에 이르는 카지노 산업을 합법적으로 그리고 재정적으로도 아무 문제없이 유지시켜 나가기 위해 눈에 불을 켜고 노력해왔지만 아틀랜틱 시티에 경제적인 호황을 불러온 장본인 중에 한사람에 대한 최종 결정 여부를 가리는 그 순간만큼은 수많은 갈등 속에 자리를 하고 있었다. 도널드의 재정 상태가 지극히 불안해 보이는 것은 맞지만 그렇다고 도널드에게서 카지노를 빼앗아 다른 사람에게 카지노 운영을 맡기게 되면 다른 카지노들에게도 불똥이 튀어 투자 자금줄이 완전히 막히게 되는 상황이 오지 않을까 걱정을 하고 있었다. 도박 단속 위원회에서 제출한 115페이지 분량의 자료만 봐도 도널드가 그 어느 누구보다 상상할 수 없을 정도의 금융 위기를 불러온 것이 분명했지만 청문회가 열리는 동안 아무도 그 문제를 제기하지 않았다. 그렇게까지 해봤자 도움이 되는게 하나도 없었기 때문이다.

청문회장의 전체적인 분위기는 도널드를 믿어야 될지 말아야 될지를 놓고 무척이나 고심하는 표정들이 전부였는데 딱 두 사람만이 도널드가 현재의 위기 상황을 극복하고 다시 설수 있다는 강한 자신감을 내비추고 있었다. 한 사람은 도널드 자신이고 다른 한 사람은 청문회가 열리기 전에 도널드가 고용했던 대변인이었다. 은행들은 도널드의 요구 조건을 들어주는대신 CFO를 임명하라고 했었는데 그것은 도널드의 평생 습관을 뜯어고쳐야만 하는 일이나 마찬가지였다. 지금까지 자신이 생각한 일은 일단 저질러 놓고 보는 일을 더 이상 하지 못한다는 것을 의미했고 회사 내부에서 먼저 세밀한 검토를 거치면서 허황되거나 과장된 사항들을 제거해 나가야 하는 일이 수반되어야 함을 의미했다.

결국에는 도널드도 계속 거부를 하다가 할 수 없이 CFO로 스티브 볼렌바흐Steve Bollenbach를 임명했었다. 그는 홀리데이 인을 위기에서 구해낸 귀재로 정직한 인물이었다. 머리가 희끗하고 항상 말끔한 차림으로 신사다운 이미지를 풍겼던 볼렌바흐는 예전에 도널드가 홀리데이 인의 주식을 매집하면서 경영권을 노리고 있다는 헛소문을 퍼뜨리기 시작해서 그곳을 위기로 몰고 갔을 때 홀리데이 인에서 일을 하고 있었다. 도널드의 작전으로 인해 결과적으로는 엄청난 부채 더미위로 홀리데이 인을 올려놓은 꼴이 되었었기 때문에 그 일로 인해 볼렌바흐는 트럼프라는 이름만 들어도 치를 떨게 되었다.

그런데 도널드가 이제는 그런 볼렌바흐를 CFO 자리에 앉힐 수밖에 없게 되었으니 그 소식을 들은 볼렌바흐가 속으로 쾌재를 부르게 되었다. 훗날 볼렌바흐는 그 때 자신은 앞으로 도널드의 경우처럼 지불 불능 상태에 빠진 회사들의 구조 조정이 빈번해 질 것으로 예상하고 그 분야에서 최고가 될 수 있는 아주 좋은 기회라고 생각했었다고 말했다.

볼렌바흐의 첫 번째 임무는 현재의 사태를 굉장히 부정적으로 보고 있는 카지노 관리 위원회를 설득해서 구제 금융 절차를 밟을 수 있게 하는 것이었다. 자신이 전에 홀리데이 인의 사태를 슬기롭게 극복해나갔던 경험을 최대한 부각시키면서 카지노 관리 위원회 사람들에게 접근을 해나갔다.

도널드와 일을 한지 아직 얼마되지 않았기 때문에 세부적인 재정 상태까지는 파악하지 못하고 있었지만 트럼프 오거니제이션의 경쟁력에 대해 확신을 가지고 있었다. 열심히 노력한다면 반드시 회생할 수 있다고 강하게 역설하면서 절대 트럼프 오거니제이션이 힘없이 쓰러지지는 않을 것이라고 강하게 얘기했다. 그와 더불어 도널드에게는 주요 자산들이 많았기 때문에 언제든지 그것들을 정리해서 자금을 마련할 수 있다는 점을 강하게 부각시켰다.

조금만 참고 기다려준다면 기필코 다시 일어설 수 있다는 진심

어린 그의 노력에 결국 카지노 관리 위원회도 청문회장에서 구제 금융 신청안에 대해 찬성표를 던지게 된다.

솟아날 구멍이 보이기 시작하다

은행들과 카지노 관리 위원회를 설득하는 일 외에 더 큰 문제는 카지노에서 발행한 회사채를 가지고 있던 사람들로 그들은 은행들과는 성격이 달랐다. 타지 마할의 자금을 마련하기 위해 손을 댔던 정크 본드의 주 채권자들인 기관 투자가들은 곧바로 대리인으로 로스차일드 사Rothschild Inc.에게 일임을 했고 그건 바로 전에 아틀랜틱 시티의 카지노 중 처음으로 파산을 맞이했던 리조트 카지노의 파산 과정에서 악역을 맡았었던 윌버 로스Wilbur Ross가 재등장을 한다는 것을 의미했다.

하버드 출신의 50대 중반인 이 남자는 회사의 소생 여부보다는 주주들과 채권자들의 재산을 한푼이라도 건져낼 수 있는지에 더 주안점으로 두고 회사를 살릴지 죽일지를 결정하는 일을 하고 있었다.

마치 수술실의 의사처럼 채권자들에게 위급한 상황이 오면 투자금을 어떻게 하면 쉽게 회수 할 수 있는지 그에 대한 처방을 내리는 사람과도 같았다. 하지만 윌버 로스가 아틀랜틱 시티의 카지노에서 실사를 마친 후에 그도 은행들이 내린 결정에 동의할 수 밖에 없었는데 도널드의 이름이 빠진 타지 마할은 아무런 의미도 없었고 그로인해 자산가치도 떨어질 수 밖에 없었음을 인정했다.

일반적으로 위와 같이 채권자와 대리인의 의견이 서로 다른 경우가 발생하면 서로 의견차이로 결별을 하면 그뿐이었지만 도널드라는 이름이 포함된다면 그렇게 쉬운 문제가 아니었다. 수많은 언론들의 집중 표적이 되어 일거수 일투족이 스포트라이트를 받고 있었던터라 언론들에게는 그 둘 사이의 의견 차이까지도 좋은 기사거리가 되었던 실정이었다. 아주 작은 견해 차이까지도 말이다. 거기다 사람들에게 한번 깊이 각인된 사실 특히 도널드라는 인물이 가진 대중성을 뒤집기란 너무 어려웠기 때문에 언론이 퍼붓고 있었던 관심의 집중 포화는 윌버 로스에게 살면서 가장 복잡한 문제에 빠지게 만들기도 했다. 윌버 로스조차도 자신이 살면서 가장 힘든 시간이었고 도널드가 가지고 있었던 대중들에 대한 흡입력으로 인해 매일 신문 지상에 오르내리는 일이 반복되면서 그로 인해 도널드가 더 잘 풀릴 수 있었던 것 같았다라고 얘기했다.

그런 이해하기 힘든 부분은 도널드 밑에서 일하던 대리인들에게도 공통적으로 일어났었는데 예를 들어 도널드의 허풍떠는 스타일의 자세들 때문에 일하는 사람들은 힘들었지만 결과적으로 협상할 때 결과는 잘 풀려갔다라고 했다. 다시 갚지 않아도 되는 구제 자금의 일부까지 도널드는 다 갚을 수 있다고 허풍을 떠는 것 때문에 대리인들의 가슴을 졸이게 만들기도 했지만 오히려 그런 부분들이 은행 측에는 더 신뢰감을 주었던 것 같다고 했다.

　도널드의 성격을 잠깐 살펴보면 자신감으로 똘똘 뭉친 이 남자는 어떨 때는 비범하고, 날카롭고, 예리한가 하면 또 어떨 때는 지극히 애같이 단순해지기도 했다고 한다. 회사가 파산으로 하루 아침에 날라갈 위기의 순간에서도 절대 그럴 일 없다고 난리를 치는가 하면 때로는 청문회장에서 어려운 질문을 받을 때마다 허를 찌르는 답변으로 탄성을 자아내는 아주 뛰어난 집중력을 보이기도 했다. 그리고 대부분은 다른 사람의 의견은 철저히 무시한 채 자신의 생각대로 일을 밀고 나가려는 고집을 부리기도 했다. 사무실에서 일을 하다가도 갑자기 말도 없이 사라져 자신의 아파트로 올라가 햄버거를 먹으면서 말라 메이플스와 함께 TV를 보기도 했는데 이때마다 전화 연락이 되지 않아서 회사에서 급하게 처리되어야 하는 일들이 모두 올스톱되기도 했다. 그런가 하면 또 밤늦게 시간에 상관없이 직원들이나 재무 담당 대리인들에게 전화를 걸어 이런 저런 얘기를 한없이 늘어놓기도 했다.

　처음부터 도널드는 말라 메이플스를 치열한 경쟁이나 끝없는 아부의 세계와는 동떨어져 잠시나마 모든 것을 잊을 수 있도록 자신을 편하게 만들어주는 안식처로 생각했었다. 그리고 지금처럼 모든 게 뒤죽박죽으로 엉망진창이 된 시간에는 더 커다란 안식처처럼 생각한 것 같았다. 회의 중에도 그녀의 사진을 꺼내 보면서 그녀의 아름다운 몸매에 대해 열렬한 찬양을 보내곤 했다. 그리고 심지어는 회의를 잠시 중단시키고 그녀를 찍은 비디오테이프를 다같이 보게 만들기도 했다고 한다. 그 때 함께했던 한 직원은 비디오 속에서 목욕 가운만 입고 엉덩이를 흔들며 다니는 그녀를 보고 도널드가 몸매는 끝내주는데 머리가 없어라고 말했던 기억을 떠올리기도 했다.

　도널드가 인정하지 않고 있던 파산의 위기에 대한 근본적인 문제는 자신 혼자의 힘만으로 수년동안 그렇게 빠르게 성장할 수 있었다고 착각하는 점이었다. 도널드의 주위에 있던 핵심 인력들을 소홀히 대하면서 그들 대부분 회사를 떠나거나 그나마 남아있던 사람들까지도 떠날 준비를 하고 있었다. 물론 그중에는 급여 문제로 회사를 떠나는 사람들도 있었는데 볼렌바흐에게 막대한 연봉을 줘야 했기 때문에 여유가 별로 없었던 도널드에게 다른 직원을 챙겨줄 여유가 없긴 했다. 하지만 더 큰 이유는 도널드가 절대 다른 사람의 말을 듣지 않는 편이기 때문에 그전부터 내부에서 들려왔던 경고의 목소리들을 무시했고 결국은 파산의 위기까지 맞게 되었으면서도 자신에게는 책임이 전혀 없다고 나몰라라하는 그런 모습 때문이었다.

몇 년씩이나 자신 옆에 두면서 많은 도움을 받았던 직원들이었지만 이제는 자신 때문에 벌어진 일에 대한 희생양으로 삼으려고 했다. 최고위직에 있던 임원들과 책임자들을 차례로 해고시키는가 하면 회사 밖으로 내몰기도 했고 지출 경비조차 지원을 해주지 않았다.

그의 곁에서 일을 했던 수많은 핵심 인력들과의 관계를 정리하는 도널드를 몇 달에 걸쳐 옆에서 지켜보던 한 사람은 이제는 그가 세상을 등지고 살아갈 수 밖에 없을 것같은 느낌을 받았다고 했다. 하지만 그 순간에도 도널드는 모든 문제가 자신이 저질러놓은 돈 문제 때문이라는 사실을 절대 인정하려고 하지 않았다.

은행들과 얽혀 있는 문제와 다르게 도널드가 소유하고 있던 세 군데의 카지노에 대한 문제는 프리패키지 파산(Prepackaged Bankruptcy – 회사가 파산을 신청하기 전에 채권자들끼리 채무를 재조정하는 과정을 거치는 방법으로 파산 법원에서 시간을 오래 지체하지 않는다는 장점이 있다) 신청으로 해결의 실마리를 찾기 시작했다. 그 덕분에 도널드는 원금 상환 만기일을 연장시켰고 이자율도 14%에서 12%로 낮출 수 있었다. 대신 그 조건으로 카지노에 대한 지분 중 절반을 채권자들에게 넘겨야 했다. 그래도 도널드는 타지 마할의 법인 대표의 직위를 유지할 수 있었고 비록 예전처럼 전부는 아니더라도 카지노 지분의 나머지 절반은 계속 가질 수 있게 되었다. 거기다 채권자들과 합의된 내용에 따라 성과를 달성하고 나면 지분을 80%까지 가질 수 있었다. 또 50만 달러의 연봉을 받는다는 조건도 포함되어 있었기 때문에 오히려 문제가 벌어진 여러 다른 곳보다 월등히 유리한 조건으로 절차를 밟아나갔다.

언제 어디서나 필요 이상으로 당당한 사람

남들 앞에서 항상 당당한 모습을 보여야 한다는 게 말처럼 그렇게 쉬운 문제는 아니지만 도널드에게 만큼은 전혀 아무런 문제가 되지 않았다. 도널드는 채권자들 앞에서조차 벌벌 떠는 일이나 주눅드는 일이 없이 오히려 큰 소리를 쳤다. 도널드의 일하는 방식 중 하나는 항상 아무리 어렵고 복잡한 난관에 부딪쳐도 그냥 무시하고 넘겨버리거나 자기 편하게 생각하는 어찌보면 정상적이지 못했다. 하지만 그것도 도널드에게는 일을 하는 그만의 방식이었다. 그래서 때로는 도널드의 옆에서 자신을 치켜세우는 그런 아부꾼을 더 가까이 하기도 했던 것 같았다.

도널드는 언론들 앞에서 항상 똑같이 남들이 잠자리에 드는 시간에도 어떻게 하면 회사를 살릴 수 있을까만 고민하고 있다고 말했고 앞으로 2년 정도는 그 어느 때보다 더 소중한 시간이 될 것이라고 얘기를 했다. 볼렌바흐는 그 때의 일을 회상하면서 도널드는 절대 회사가 정리절차를 밟아 나갈 일은 없다라고 강하게 믿고 있었으며 단순히 자신의 신용이 좀 떨어지는 정도라고 생각을 했다고 말했다. 자산 가치보다 훨씬 더 커진 부채는 단순히 그 당시의 시장 경기 때문이라고 주장했던 도널드의 말은 어느 정도 맞는 말이었지만 다른 사람들을 설득시키기에는 힘든 면도 있었다.

팜비치에 있는 트럼프 플라자를 처음 시장에 내어놓았을 때만 해도 도널드는 자신만만했었다. 그런 비싼 주택을 구매하려는 사람들은 최적의 장소에 최고의 집에 산다는 그들만의 특권 의식을 가지고 싶기 때문에 크라이슬러 회장인 리 아이아코카Lee Iacocca를 끌여들여 그에게 세 채를 팔고 그로인한 홍보 효과를 누려보려고 했지만 그것도 구매자들에게 별 다른 호응을 얻지 못했다.

그럼에도 불구하고 도널드는 계속 낙관적으로만 상황을 바라보고 있었기에 처음에 분양이 잘 되지 않았을 때도 머지않아 다 팔려 나갈 것이라고 자신하고 있었다. 하지만 몇 년이 지난동안 미분양 아파트가 반이 넘게 남아있었고 1990년에 들어와서는 11개월동안 딱 한 채만 팔렸다. 그건 곧 11월에 도래하는 이자 납입일에 맞추어 전혀 손을 쓸 수 없을 정도의 자금 압박을 의미했고 해결이 안된다면 특단의 조치가 내려질 수 밖에 없었다.

즉, 공매 절차에 들어가는 상황이 올수도 있었고 그렇게 되면 도널드가 생각할 수없을 정도의 헐값으로 넘겨야 하는 것이었기 때문에 도널드는 어떡하든 그 상황만큼은 피하기 위해 팜비치에 있는 호텔의 연회장에서 대규모 판촉 행사를 개최하고 그곳에서 간신히 35채의 아파트를 경매를 통해 팔 수 있게 되었다.

영화나 소설 속에서는 집이 경매에 넘어가게 되면 주인공들이 그 자리에서 땅을 치고 통곡을 하거나 초췌한 모습으로 술에 취해 머리를 쥐어 뜯으며 앉아있는 장면을 보게 되는데 도널드의 경우에는 경매를 주최하는 주관자로서 한 채라도 더 팔아보고자 하는 절규섞인 호소를 하고 있었다. 그리고 그 당시 옆에서 경매를 같이 진행했던 사람들의 말에 따르면 넋나간 사람처럼 갈팡질팡하면서 직원들에게 하소연을 하기도 했다고 한다.

어쨌든 도널드는 영화 속의 주인공들과는 다르게 깔끔하게 면도를 하고 정장을 차려입고는 경매장 안에 자리를 잡고 웃고 있었다. 경매 참가자들을 일일이 맞으며 정중하게 안내를 하기도 하면서 시장 경기가 너무 침체되어서 그렇지 머지않아 제 값어치 이상의 가격을 받아 낼 수 있다는 점을 역설했다.

그날 경매를 통해 모두 35채가 팔렸고 최초 예상가보다 40%나 더 싸게 낙찰이 되었다. 처음부터 도널드는 트럼프라는 브랜드의 가치와 최고 상류층이라는 이미지 때문에 가격을 높게 책정했었는데 경매장의 분위기는 도널드의 생각이 착각이라는 사실을 입증해 준 것이었다. 하지만 정작 경매가 끝나고 수많은 기자들이 모인 자리에 나와 "오늘 성과는 실로 대단했으며 우리의 예상치를 훨씬 웃도는 것이었다. 이런 반응이 곧 트럼프 플라자의 미래를 보여주는 것이다."라고 발표했다.

배째라고 큰소리 치는 빚쟁이

채권단에서 아주 조금씩 양보안을 내놓으려고 하면서 도널드는 조금씩 숨통이 트이기 시작했다. CFO로 임명되었던 볼렌바흐의 기본 전략은 도널드가 소유하고 있던 자산 중 트럼프라는 브랜드 가치를 충분히 가지고 있는 알짜배기 자산과 전혀 도움이 안되는 자산들을 분리해서 요트나 헬리콥터같이 별볼일없는 자산들은 채권자들에게 책임을 넘기고 카지노와 같은 사업체는 어떡하든 끝까지 지켜야 한다는 생각이었다.

그렇게 채권단에서 이러지도 저러지도 못하고 있던 저당잡힌 자산들과 관련해서는 거의 매번 약삭빠르게 혹은 배째라는 식의 자세를 보였다. 한번은 요트에 대한 보험료를 내야할 날짜가 다가오자 볼렌바흐는 요트에 가장 많은 대출금이 물려있는 은행을 찾아가 만약 보험금을 못낸 상태에서 요트에 사고라도 나면 얼마나 큰 손해냐고 사정을 하면서 오히려 보험료를 낼 돈을 받아내기도 했다. 그리고 은행에서 대출 상환 조건을 다시 검토해 보겠다는 말만 하고 차일피일 시간을 질질 끌려고 하면 여지없이 파산 서류를 작성해 법원으로 달려가는 시늉을 했고 그때마다 은행들은 울면서 그의 요청을 들어줄 수 밖에 없었다.

이렇게 상식적으로 이해하기 힘든 일들 중 또 하나는 도널드가 트럼프 캐슬에 얽혀있는 정크본드에 대한 이자 1,840만 달러를 지불했어야 할 당시 일어났다. 그 당시 도널드는 모든 자금줄이 막혀있는 상태였기에 이자를 낼 돈이 좀 부족해 보였다. 그런데도 도널드는 한 기자와 인터뷰에서 다른 사람의 도움이 필요치 않다는 식으로 말했다.

얼마 후 도널드가 왜 그렇게 자신만만해 했는지 그 이유가 밝혀졌다. 아버지로부터 도움을 받았다는 것이 알려졌는데 이자를 내야 하는 날 그의 아버지 프레드는 자신의 변호사에게 3백만 달러를 주면서 트럼프 캐슬로 가서 칩을 사서 게임을 하지말고 그냥 거기에 두고 오라고 지시를 했다. 정상적이지 않아 보이는 이런 방법으로 프레드는 자신의 아들에게 자금을 무사히 전달할 수 있었는데 재무적으로는 아무런 문제가 없었지만 법적으로는 문제가 있었다. 카지노에 돈을 빌려주기 위해서는 먼저 카지노 관리 위원회에 알렸어야 하는데 프레드는 그런 허가를 받지 않고 몰래 돈을 빌려준 셈이었다.

결국 이런 불법적인 과정이 들통나는 바람에 프레드는 자신의 아들에게 불법 대출을 해준 꼴이 되었지만 연로한 아버지로부터 받은 돈이라는 게 어느 정도는 참작되어 6만 5천달러의 벌금을 부과하고 그 일로 인해 프레드에게도 카지노에 합법적으로 대출을 해줄 수 있는 허가증을 내어준다. 결과로 보면 합법적으로 돈을 대출해준 형식을 갖추게 된 것이지만 갚지 않아도 되는 돈이나 마찬가지였다.

가끔 채권자와 의견 충돌이 일어날 때 "당신에게 돈을 갚아야 하는게 맞긴 하지만 안갚는 일이 벌어 질수도 있다."고 역으로 으름장을 놓기도 했는데 예를 들어 마라라고 별장에 대한 대출금을 갚아야 할 때 돈이 있었으면서도 대출 연장을 해달라고 떼를 쓰기도 했다.

채권자들이 정해놓은 도널드의 생활비의 한도는 무척이나 민감한 부분이었는데 이를 어기고 전처인 이바나의 위자료로 천만달러를 주었을 때 한바탕 난리가 났다. 자신들에게 갚아야 할 돈으로 위자료를 주었다고 하면서 말이다. 하지만 그때 볼렌바흐는 그 돈은 그나마 도널드가 파산 신청을 안하고 버틸 수 있는 보루라고 옹호했다고 한다. CFO였던 볼렌바흐로 인해서 도널드는 특별히 달라진 게 없는 생활을 전처럼 계속 유지할 수 있었고 은행들이 정해준 한달 생활비를 지키는 것으로 은행들의 체면치레를 해줄 수 있게 되었다. 시간이 지나면서 요트, 헬리콥터, 전용기, 그밖에 자잘구레한 부동산들을 하나 둘씩 정리하긴 했지만 그래도 가장 중요한 카지노와 철도 부지, 집 그리고 플라자 호텔 등의 주요 재산은 지킬 수 있었다.

반전의 계기

볼렌바흐가 바라보는 가장 주요한 자산은 카지노였다. 현찰이 꾸준히 나올 수 있는 곳이었기 때문이었는데 반대로 도널드에게 있어 가장 중요한 자산은 웨스트 사이드의 철도 부지였다. 개발에 대한 희망을 계속 품고 있었기 때문이었다.

TV 방송국을 끌어들여 텔레비전 시티라는 이름으로 프로젝트를 진행하려던 최초의 계획을 바꿔 가장 높고 가장 현대화된 뉴욕에서 최고의 주상 복합 건물을 짓는 쪽으로 방향을 바꾸었다. 뉴욕의 생활 패턴 자체를 바꿀만큼 최고의 결과를 불러올 수 있다고 자신했으며 뉴욕의 상징이었던 록펠러 센터를 대체할 만한 건물이 될 수 있다고 홍보하기 시작했다.

이름도 텔레비전 시티에서 트럼프 시티로 바꾸고 진행하기 시작한 이 프로젝트는 지역 사회 주민들의 엄청난 저항에 직면하게 되었는데 그래도 도널드는 결국에 가서는 그들도 자신의 뜻을 따를 수밖에 없을 거라고 주장했다. 자신에게는 상대가 굴복할 때까지 참고 기다릴 수 있는 끈기가 있기 때문에 또 살면서 항상 사람들이 자신에게 반대를 해왔지만 언제든 그걸 기회라고 생각해 왔기 때문에 별 문제가 되지 않는다고 말했다.

어떤 개발업자든지 개발하기 전에는 시 당국에 복잡한 허가 절차를 거쳐야 했는데 도널드가 계획하고 있는 이번 프로젝트는 그 어떤 개발 행위보다 더 어려운 수많은 난관을 뚫고 나가야 하는 문제를 안고 있었고 양측은 절대 뒤로 물러설 기미를 보이지 않았다.

도널드는 절대로 트럼프 시티의 규모를 줄일 생각이 없음을 분명히 했고 그에 대해 시 당국도 거의 모든 토지 변경 허가 절차에서 보여주듯이 막판까지 이렇다 저렇다 별 반응없이 시간만 잡아먹고 있었다. 그 당시 시 기획국 소속이었던 톰 글렌드닝Tom Glendenning에 따르면 괜히 처음부터 도널드가 계획하고 있던 프로젝트의 규모를 줄이라고 지시하게 되면 오히려 도널드에게 질질 끌려 다닐 수 있었기 때문에 시간을 최대한 끌었다고 한다. 그래서 도널드를 최대한 초조하게 만들 때까지 시간을 벌면서 허가 절차 과정에 명기된 기한을 최대한 활용하려고 했다고 말했다.

그래서 양측 모두 협상 과정에서 핵심은 뒤로 한 채 겉에만 빙빙 맴도는 식으로 얘기를 했는데 시 기획국에서는 원칙적인 얘기들만 하고 프로젝트의 규모에 대해서는 먼저 얘기를 꺼내려고 하지 않았고 도널드 측 역시 거기에 대해서는 아무런 말도 하지 않았다. 시 당국에서는 세계에서 가장 높은 빌딩을 짓겠다고 하는 도널드의 계획을 간단하게 처리할 수 있는 부분도 아니었고 그렇다고 도널드도 만약 시에서 반대한다고 해서 그냥 순순히 물러날 사람도 아니었다. 하지만 그 당시 도널드 밑에서 일했던 사람들 조차 도널드가 왜 그렇게까지 빌딩의 높이에 집착을 하는지 이해하기 힘들었다고 말했다.

"그렇게 높은 건물 꼭대기 층에 살면 어떻게 될지 한번 상상을 해보십시오. 유리창은 매번 바람에 흔들리고 너무 높아서 피자 배달을 시켜도 엘리베이터 타고 올라가는 도중에 다 식을게 뻔하고 거기다 애완견이라도 데리고 타는 날에는 강아지가 갑자기 오줌이라도 싸지 않을까 고민해야 할거에요."

하지만 도널드는 내부의 반대에도 아랑곳 하지 않고 직원들에게 토지 용도 변경 절차에 제출할 수 있게 엄청난 양의 자료들을 준비해 놓으라고 닦달했다. 하지만 그 순간 직원들은 보나마나 시 기획국에서 층수를 낮추라고 할게 뻔하다고 생각했다고 한다.

직원들이 도널드의 지시 사항에 대해 조금이라도 토씨를 달게되면 엄청난 불호령이 떨어졌기 때문에 다들 쉬쉬하면서 대부분 묵묵히 따랐는데 그 때만해도 파산 위기로 내몰리기 전이었으므로 서로에게 열정이 남아있었고 또 직원들 사이에서도 도널드에게 불가능한 일이란 없을 것처럼 보였던 때였다고 한다.

시민 단체의 힘

도널드가 자신의 철도 부지위에서 진행되는 프로젝트를 지지해 줄 수 있는 지역 시민 단체를 찾고 싶어 했을지 모르겠지만 언제나 그의 계획에 격렬하게 반대하는 지역 주민 단체들 뿐이었다. 자발적인 모금을 통해 모인 돈으로 전단지를 만들어 사람들이 있는 곳이면 어디든 찾아가 목청껏 반대의 목소리를 높이고 있었다. 도널드에게 그런 단체들은 눈에 가시같은 골칫덩어리들이었다.

텔레비전 시티 프로젝트가 발표되고 생겨나기 시작한 지역 주민 단체들은 도널드가 생각했던 것보다 더 큰 곤경에 빠지게 만들었고 급기야는 프로젝트 안을 일부 수정하게 만드는 그로서는 상상해 본 적도 없었던 궁지에까지 몰렸던 적이 있었다.

그런 단체들 중 하나였던 웨스트프라이드Westpride는 지역 신문 기자였던 로베르타 그라츠Roberta Gratz의 아파트에서 열렸던 저녁

모임에서 결성이 되었는데 그때 로베르타는 같이 있던 사람들에게 "도널드라는 사람이 크기만 줄이면 아무 문제가 없다고 생각하는 것같은데. 천만에 말씀이에요 도널드가 개발하려는 것은 처음부터 끝까지 모든게 잘못되어있어요."라고 말했다.

그 모임에 참석했던 사람들이 그날 웨스트 프라이드라는 이름을 짓고 다음 날부터 모금 활동과 가입자를 모집하는 각종 행사를 열기 시작했다. 그래서 총 6천명의 회원과 20만 달러나 되는 운영비를 가지고 변호사와 환경 전문가를 고용하고 다른 지역 단체들과의 연대 활동을 통해 활동을 해나가기 시작했다.

웨스트 프라이드는 트럼프에 반감을 가지고 무조건 반대를 하던 곳들과는 다르게 자신들은 철도 부지위에 세우려는 건물들이 주변 지역 사회를 충분히 고려하고 진행한다면 특별히 반대할 이유가 없다고 주장하고 있었다. 당시 웨스트 프라이드의 공동 의장이었던 건축가인 스티브 로빈슨Steve Robinson은 "합리적으로만 개발이 이루어진다면 대환영이다."라고 말했다. 하지만 자신들이 반대하는 이유는 대부분의 부동산 개발 행위 자체가 처음부터 사업성만 고려하고 시작을 하기 때문에 자신들과 같은 시민들의 생각을 반영할 장치가 아무것도 없기 때문이라고 했다.

웨스트 프라이드에서 내놓은 대안책은 철도 부지 가장자리에 있던 흉물스러운 낡은 고가도로를 철거하고 일반 진입 도로를 만들어서 심각한 교통 체증 현상을 해결하자는 것이었다. 도널드도 설계 당시 그런 생각을 안해본 것은 아니었지만 엄청난 공사비 문제로 엄두를 내지 못하고 있었다.

어쨌든 이런저런 지역 단체들의 반대의 목소리가 거세지고 있던 와중에 도널드가 파산 위기에 내몰리고 있다는 사실이 알려지면서 맨하탄의 시민 단체들이 힘을 얻기 시작했으며 이번 기회에 도널드가 철도 부지위에서 벌이려고 하는 개발 계획에 대해 본격적으로 맞서기로 의기투합을 하기 시작했다. 또한 일부 맨하탄 자치 의회 의원들은 시에서 그 부지를 사들여 모두가 만족할 수 있는 개발을 하라고 촉구하기도 했다. 거기다 당시 뉴욕 시의 고위층들도 그러한 움직임에 대해 호의적인 생각을 가지고 있었다.

공식석상에서 도널드는 위에서처럼 자신을 반대하는 세력들에 대해 폄하하고 비난했다. 한 잡지사와의 인터뷰 중에 "여러분은 이 사실을 분명히 알아야 합니다. 그들은 이 일에 대해서는 아무런 힘도 없고 아는 것도 없어요."라고 말했다. 하지만 얼마 후 뉴욕 미술 협회라는 단체가 공식적으로 도널드가 추진하려고 하는 개발 계획에 반대 입장을 표명하고 항의 집회를 열기 시작하면서 상황이 급변하기 시작했다.

웨스트 프라이드와 뉴욕 미술협회가 힘을 합치면서 그들의 주장에 힘이 실리기 시작했는데 그들의 주된 요구 조건은 개발 규모를 대폭 줄이라는 것과 고가도로의 철거 문제였다. 하지만 그들의 노력에도 불구하고 오래된 고가도로를 철거하라는 요구는 받아들여지지 않았고 대신 보수 공사를 통해 유지시킨다는 시 당국의 결정이 내려졌다. 또한 도널드가 신청한 공사 계획이 원안 그대로 받아들여질 것 같은 분위기가 조성되고 있었다.

그러자 시민 단체들은 고가도로의 보수 공사를 중지하라는 소송을 진행하기 시작했으며 도널드와 타협안을 만들어보려는 움직임을 가져야 한다는 목소리들이 새어나오기 시작했다. 처음에는 도저히 상상조차 할 수 없었던 일이었지만 지금은 양측 모두에게 현실적으로 고려해봐야 하는 일이 되고 있었다. 특히 도널드는 타지 마할의 채권단들과 협상에 난항을 겪고 있었던 때였기에 시민 단체에 머리를 조아리고 손을 드는 꼴이 될 수도 있었지만 무엇보다 채권단들과의 협상을 유리하게 끌고 나가기 위해서는 시민 단체들과 손을 잡는 모습을 보여주는 일이 시급히 필요했다.

시민 단체와 연대를 이루다

뉴욕 미술협회 의장이었고 도널드와 평소 친분 관계가 있었던 스테판 스위드Stephen Swid가 도널드와 공식적인 미팅을 가졌다. 스위드가 그 때 일에 대해서 다음과 같이 말했다. "내가 그 사람을 찾아가서 우리 쪽의 계획에 대해 설명하고 어떠냐고 물어보자 도널드는 딱 한마디 했어요. 우리쪽의 개발 계획안이 허가받을 수 있는지 어떻게 장담할 수 있냐고 말입니다." 스위드는 도널드의 의심쩍어 하는 질문에 대해 우리가 같이 힘을 합쳐 밀고 나간다면 충분히 허가를 받을 수 있다라고 주장했고 그에 대해 도널드는 조금의 망설임도 없이 "나는 공식적으로 내 계획을 변경하지는 않겠지만 당신들이 웨스트 사이드에 대한 개발 계획을 지지해준다고 하면 내 솔직한 대답은 예스입니다."라고 말했다고 한다.

파산 위기에 내몰린 도널드에게 있어 그런 움직임은 무엇보다 절실히 필요했으며 그건 자신이 가지고 있는 자산을 최대한 지키기 위해 어쩔 수 없는 선택이었다. 토지 이용 변경허가를 받는 것조차도 보통일이 아니었는데 거기다가 시민 단체들의 거센 저항속에 이중고를 겪고 있는 난장판과도 같은 상황에서 빨리 벗어나기 위해서는 그들과 손을 잡는 게 최선의 선택이 될 수 밖에 없었다.

전혀 상상할 수 없었던 도널드의 긍정적인 답변을 듣자 시민 단체들은 세상에 이런 일이 다있냐는 식의 반응을 보이면서 도널드 측과의 구체적인 협상에 들어갔다. 그리고 최종적으로 양 측의 대표들이 모인 자리에서 도널드는 자신도 고가도로가 맘에 안들어서 없앴으면 좋겠다고 말하면서 철거하기 힘들다면 차라리 다른 건물로 가려버리자는 안을 내어놓기도 했다. 회의 내내 도널드는 자신이 파산 위기에 내몰린 상황에 대해 농담을 곁들여 가며 아무 문제 아니라고 얘기했으며 개발 계획에 대한 허가를 반드시 받아낼 수 있다고 자신했다.

그리고는 종이 한 장을 꺼내 커다란 타워을 그리고 반을 나누어 한 쪽에는 자신이 계획한 건물을 그리고 반대 쪽에는 시민 단체에서 주장했던 공원을 만들자고 얘기하면서 시민 단체들이 생각했던 계획들이 훌륭하다며 칭찬을 아끼지 않았다. 그 자리에 있었던 사람들은 도널드의 180도 달라진 모습에 어리둥절해 하기도 했고 그 자리에서 도널드는 계속 건물들의 규모에 대해서만 얘기를 했지만 다른 사람들은 뉴욕의 역사를 바꿔놓을 수 있는 새로운 장이 열리게 될거라는 기대에 들떠있었다고 한다.

회의가 끝날 무렵에는 모든 일이 당장에라도 잘 풀릴 것처럼 화기애애한 분위기가 되었고 특히 도널드에게는 가장 강력한 우군이 생겨 천군만마를 얻은 것처럼 보였다. 그리고 시민 단체들도 고가도로를 다른 쪽으로 옮기는 것에 대해 시에서도 반대를 하지 않는다면 시를 상대로 벌였던 소송을 철회하겠다고 발표했다.

한편 도널드의 아버지가 트럼프 캐슬에 불법 대출을 해준게 발각되었을 때 도널드는 뉴욕미술협회 의장인 스워드에게 자신의 처지에 대해 솔직하게 털어놓았다. 철도 부지를 사들일 때 체이스 은행에서 대출받았던 돈과 이자까지 합쳐서 총 2억 2천만 달러나 되는 부채 때문에 자신이 독단적으로 움직일 수 없다고 하소연을 했다. 그 말을 듣고 스위드는 곧바로 체이스 은행을 찾아가 도널드에게 대출해 준 돈을 받는 길은 도널드가 계획하고 있던 프로젝트를 진행할 수 있도록 힘을 실어주는 것외에는 방법이 없다고 하면서 도움을 요청했고 체이스 은행도 그의 요청을 받아들였다. 스위드는 그 때의 일에 대해 "우리와 처음에 협상을 하기 시작했을 때는 아무런 얘기도 하지 않고 있다가 시민 단체들과 최종 협상이 마무리되고 난 다음에야 자신에게 얽힌 은행 보증 문제에 대해 얘기를 한 것으로 봐서는 도널드가 머리를 썼던것 같다."라고 말했다.

마침내 시민 단체들과 도널드의 합의가 이루어진지 3개월 후에 시 당국자와 도널드 그리고 시민 단체 대표들이 모여 공식 기자 회견을 열었고 그곳에서 최초에 도널드가 발표했던 트럼프 시티라는 이름의 프로젝트 계획을 철회하고 시민 단체들이 대안으로 제시했던 개발 계획안을 가지고 개발을 진행해 나갈 것이라고 발표했다. 리버사이드 사우스Riverside South라는 시민 단체들의 개발 계획안을 도널드가 전폭적으로 수용하기로 했다는 발표가 있자 여론에서는 소련이 공산주의를 버린 것과 같은 엄청나게 놀랄만한 일이라고 대서특필을 하기도 했다.

리버사이드 사우스 개발 계획은 도널드가 계획했던 규모의 절반 이상을 줄이고 그에 따라 당연히 공사 비용도 반 이상이 감축되었다. 그렇게 반 이상 줄인 규모라도 5,700채의 아파트는 뉴욕에서 가장 큰 규모를 자랑하는 거대한 개발 계획이었고 도널드 자신이나 그의 아버지조차도 해본 적이 없는 엄청난 규모였다. 도널드가 처음부터 부르짖었던 세계 최고의 높이를 자랑하는 건물이나 최대를 자랑하는 쇼핑몰에 대한 개발 계획은 사라졌다. 대신 고가 도로를 안쪽으로 옮기고 리버사이드 파크에 인접한 엄청난 땅을 공원으로 개발해야 하는 시민 단체들의 개발 계획을 받아들이고 도널드는 그들의 힘을 얻을 수 있게 되어 오랫동안 담보 상태에 놓여있던 철도 부지의 개발을 마무리 지을 수 있게 되었다.

1년 넘게 수많은 언론에서 도널드의 파산 위기에 대해 무차별적인 기사를 보도했는데 포춘 지에서는 억만장자 리스트에서 도널드를 제외했고 포브스 지는 도널드가 마이너스 인생을 살아가야 한다고 했고 타블로이 판 신문들에서는 도널드의 사생활을 들춰가며 인신공격성 기사를 남발했고 주요 신문들에서는 도널드가 결국에는 파탄지경에 이를 것이라고 예측 기사를 내보냈다. 하지만 철도 부지위의 개발 계획을 발표하는 기자 회견장은 모든 상황들이 급변하기 시작할 수 있는 징조를 알리는 자리였으며 그 자리에서 도널드는 "내 인생에서 가장 큰 전환점이 될 것입니다. 지금까지 나에 대해 이러쿵 저러쿵 말이 많았던 사람들이 이제는 자신들의 말에 대해 책임을 져야 할 때입니다."라고 말했다.

기자 회견장에서 도널드는 도널드답게 최고라는 말을 단 한순간도 빼먹지 않았다. 리버사이드 사우스를 얘기하면서 세상에서 가장 커다란 공사라고 하거나 세상에서 가장 값비싼 땅이 될 것이라고 했다.

한편 그 기자회견 장 안에 한쪽 구석진 곳에는 프레드가 자신의 아들인 도널드를 물끄러미 지켜보고 있었다. 언제나 그렇듯이 그는 조용히 자리를 지키고 있었을 뿐인데 평소에도 언론앞에 나서기를 꺼려했던 그는 사람들의 시선을 부담스러워했고 자신도 사람들 앞에 특별히 나서야할 필요성을 못끼고 있었다. 그 자리에 있던 프레드는 다른 사람들이 생각하는 도널드와는 다른 도널드를 바라보고 있었던 것처럼 보였다. 프레드에게 있어 도널드는 어렸을 때 상대팀 선수를 아웃시키고 좋아했던 모습과 자신의 회사에 들어와 일을 처음 배웠을 때의 모습과 그랜드 하이야트를 개발하겠다고 나섰을 때의 젊은 모습과 트럼프 항공사와 플라자 호텔 그리고 타지 마할에서 승승장구하는 모습들만 파노라마처럼 지나가고 있었을 것이다. 프레드는 자신의 아들에게서 언제나 챔피언이었던 모습만을 보고 싶어했을 것이다.

최종 결정이 나다

철도 부지위에서 진행하려고 했던 개발 계획에 대한 모든 반대 움직임들이 사라진 것은 아니었다. 비록 그 규모가 작아지긴 했지만 그래도 리버사이드 사우스 프로젝트가 아직도 너무 방대하며 그에 반해 공원 규모는 너무 작고 거기다가 너무 멀게 떨어져 있어 실제보다 너무 미화되어 있는 상태라는 주장들이 있었다. 또 일부 사람들은 웨스트 프라이드가 도널드와 싸우기에 너무 벅차서 할 수 없이 도널드의 하수인 노릇을 하고 있다라는 말까지 하게 되었다. 몇몇 구 의원들까지 반대운동에 동참을 하기도 했었다.

도널드와 시민 단체들이 합의안을 내어놓은지 2년이 다된 1992년 도시 계획 위원회에서 리버사이드 사우스 프로젝트에 대한 최종 찬반 투표가 열렸다. 시민 단체들은 건축물이 아직도 너무 크고 가뜩이나 교통 체증이 심한 지역에 주차장을 너무 크게 지어 더 복잡하게 만드는게 마음에 들지 않았다. 도널드는 또 그 나름대로 좀 더 높게 지어야 강변이 바라보는 전망을 가질 수 있게 되고 그로인해 더 높은 가격을 받을 수 있게 될텐데라는 욕심을 버리지 못하고 있었다. 이렇게 양측 모두 나름대로의 불만이 있긴 했지만 그래도 서로는 양쪽 모두가 서로 양보하고 타협한 안을 제출하고는 결과를 기다리고 있었다.

결국 시 기획 위원회에서 만장 일치로 개발 계획에 대한 승인을 얻게 되고 다음 절차로 시 의회의 승인을 받기 위해서 시 의회에 제안서가 상정된다. 시 의회의 분과 위원회가 처음 열리던 날 시청 밖에서는 건설 노동자들과 관련 사업자들이 허가를 빨리 내주라는 시위를 하고 있었고 시청 안 로비에는 수많은 변호사들과 시민 단체의 관련자들이 삼삼오오 모여 있었다.

회의장 안에서는 리버사이드 사우스 개발 프로젝트의 장·단점에 대해 집중적인 토론이 오고 갔고 특히 맨하탄 출신의 시 의원들이 앞장서서 만약 이 계획이 틀어지게 된다면 부동산 시장이 큰 타격을 받게 될 것이라면서 열을 올리기도 했다. 그리고 무엇보다 이 개발 계획이 순전히 도널드만 파산 위기에서 건져내기 위한 방편으로 진행되는 건 아닌지에 대한 질문들이 오고갔는데 현실적으로 도널드 자신의 부채를 9억 달러에서 1억 5천만 달러까지 탕감받기는 했지만 그래도 트럼프 오거니제이션의 부채는 여전히 20억 달러를 웃돌고 있었기 때문에 당연히 그런 의구심들이 생길 법했다.

그날 분과 위원회는 3주 후에 최종 결정을 내리기로 하고 회의를 끝마쳤는데 그건 곧 도널드가 맨하탄에 처음와서 거의 20년 동안이나 매달렸던 땅에 대한 운명이 결정나는 날이기도 했다.

또 한편으로는 다른 역사적인 의의를 갖는 날이기도 했다. 1990년 법원에서 뉴욕시의 재정 감사 위원회가 토지 이용에 대한 허가 신청의 최종 결정권자의 역할을 하는 것이 비민주적이라고 하면서 그 역할을 시 의회에 넘겨주라고 판결을 내리고 난 뒤 새로운 토지 이용 승인 절차에 따르는 가장 커다란 개발 계획이기도 했다. 대부분의 개발 업자들이 허가를 받기 위해 모종의 로비를 해왔던 부정적인 부분들을 없애보려고 했던 방법이었기 때문에 도널드가 특별한 로비를 하지 않아도 시 의회의 승인을 받을 것이라고 대부분 전망하고 있었다. 하지만 도널드는 옛날 버릇을 못 고치고 전직 시 관료들을 로비스트로 고용해 최종 승인이 날 수 있게 입김을 불어넣기도 했다.

마침내 수많은 우여곡절 끝에 시 의회에서 42대 8로 승인안이 통과되었다. 결정이 내려지자마자 도널드는 기자들 앞에서 시민들의 소중한 한 표가 올바른 선택을 불러온 것이나 마찬가지이다라고 말하면서 무엇보다 뉴욕을 위해 가장 훌륭한 개발 프로젝트가 될 수 있게 지지해준 시 의회측의 결정에 찬사를 보낸다고 말했다.

벼랑끝에서 구사일생으로 살아남다

리버사이드 사우스 프로젝트가 제대로 진행되지 못했다면 도널드의 숨통을 한순간에 끊어 놓을만큼 위험스러운 상황이 벌어질 수도 있었지만 도널드는 그 프로젝트를 통해 벼랑 끝에 몰렸던 위기의 순간들을 반전시킬 수 있게 되었다. 20년 동안이나 그렇게 매달렸던 토지 변경 허가를 받고 난지 1년 반이 지난 1994년 토지 운영권과 개발권을 홍콩 컨소시엄에 넘겼다. 공식적으로 발표된 것은 그 땅을 담보로 대출받았던 2억 5천만 달러를 그 쪽에서 떠앉고 그와 별도로 8천 8백만 달러를 받았다는 내용이었다. 또 총 16개의 빌딩을 지을 예정이었기 때문에 개발과 분양을 통해 얻어지는 이윤의 일정 부분을 받기로 하는 조건이었다.

1997년 봄 공사를 하기 시작해서 2005년에는 5동의 건물의 완공되었고 2동이 공사 중이었으며 또 다른 2동의 공사가 막 시작되려고 하던 참이었다. 그리고 그 건물들 모두는 세금 감면 혜택을 받고 있었다.

처음에 지었던 네 개동의 세부 설계를 맡았던 필립 존슨Philip Johnson에 따르면 시에서 내린 지침을 잘 따른 것처럼 보이지만 실제로는 시민 단체들과 얘기됐던 것보다 더 크게 지어졌다고 한다. 또 현재까지도 철거하기로 얘기됐었던 고가 도로는 여전히 흉물스럽게 자리잡고 있었는데 그것은 도널드라면 치를 떨정도로 싫어하는 제롤드 내들러Jerrold Nadler 하원 의원이 계속 고가 도로를 다른 곳으로 옮겨 새로 만드는 것을 못하게 가로막고 있기 때문이었다.

20년 전부터 꿈꿔왔던 일들이 마침내 결실을 맺게 되어 철도 부지위에 하나 둘씩 건물들이 들어서고 있다는 것은 분명 뉴욕이라는 도시의 입장에서는 역사적인 일임에는 분명하다.

하지만 그가 진행해 왔던 그 프로젝트가 진정으로 그를 부동산 개발에서 신의 경지에 올려 세웠는지는 미지수이다. 도널드에게는 좀 더 크게 지을 수 있었을텐데라는 아쉬움이 남아있었고 시민들에게는 그래도 너무 불필요하게 크게만 보이는 단지가 괴물처럼 흉측스럽게 보였고 애초에 보장받았던 공원은 여전히 그 모습을 보이지 않고 있었다.

비록 지금은 그 프로젝트가 도널드의 손을 떠난건 분명하지만 그래도 사람들의 마음 속에는 아직도 그곳이 도널드의 책임하에 움직인다고 생각을 한다. 트럼프 시티로 시작된 개발 계획은 토지 변경 허가를 얻기위해 리버사이드 사우스라는 이름으로 바뀌었고 지금은 다시 트럼프 플레이스Trump Place로 바뀌어서 새로 지어진 건물 정문 위에 달려있다.

트럼프 플레이스처럼 도널드가 실질적인 소유주가 아닌 곳에도 자신의 이름을 자꾸 내걸려고 하는 이유는 자기 자신 즉 도널드라는 사람 그 자체를 브랜드화하려는 이유 때문이었다. 자신의 이름을 내걸고 분양을 하거나 임대를 하는 일 자체만으로도 높은 가격을 받을 수 있다는 광고 선전 효과를 누릴 수 있다는 사실을 의미하기도 했다. 더 이상 그는 실질적인 공사를 진행하는 부동산 개발 업자라기보다는 공식적인 자리에 나가 발표만 하거나 개발 계획에 대한 아이디어만 제공하는 일을 하는 사람이 되었다. 한 때 도널드가 억만장자가 되기 위해 억만장자처럼 보일 수 있는 엄청난 일들을 벌였던 것처럼 자신의 이미지가 브랜드화 되기 시작하면서 많은 혜택들을 받기 시작했다.

DONALD TRUMP

Trump라는 브랜드

CHA. 09

$$$

    1999년 도널드의 아버지인 프레드 트럼프가 99세가 되던 해 폐렴으로 세상을 떠났다. 그가 숨졌을 때 남긴 재산은 대략 2억 5천만 달러에서 3억 달러에 이르렀다. 말년에는 알츠하이머 병에 걸려 힘들게 살기도 했지만 그의 아내인 매리와 함께 죽는 순간까지 대 저택에서 풍요롭게 노후를 보냈다.

    뉴욕 타임즈에는 그의 부고 기사가 반페이지에 이를 정도로 실렸고 장례식은 한 교회에서 열렸다. 언제나 자신감이 넘치는 적극적인 사고 방식을 가져야 성공을 할 수 있다고 굳게 믿으며 살아왔던 그의 장례식장에는 650명이 넘는 각계각층의 인사들이 참석해 애도를 표했으며 그중에는 정치인들, 부동산 개발업자들도 상당수 자리를 했다. 그리고 도널드의 뒤

에 26살의 슬로베니아 출신인 멜라니아 크나우스Melania Knauss가 가슴이 깊히 파인 옷을 입고 자리잡고 있었다. 그녀는 다름아닌 도널드의 새로운 애인이었고 장례식 다음날 타블로이드 지를 화려하게 장식을 하게 된다.

루돌프 지울리아니Rudolph Giuliani 뉴욕 시장이 고인에 대한 짧은 추도문을 낭송하고 뒤이어 딸인 엘리자베스 트럼프가 아버지가 평소 좋아했던 시를 나지막히 읊조렸다. 그리고 막내 아들인 로버트 트럼프는 아버지가 돌아가시기 바로 전 상황에 대해 얘기를 하며 울먹거렸고 또 다른 딸인 매리앤 트럼프는 자신이 학창시절 때 아버지에게 보냈던 편지를 읽었다.

그 누구도 자신들이 쌓아놓은 업적이나 자랑거리에 대해서는 일절 언급하지 않았다. 드디어 도널드의 차례가 오자 오늘이 자신의 생애에서 가장 견디기 힘든 날이라고 말문을 열었다. 그리고는 트럼프 플레이스에서 대단한 성공을 거두었다는 내용의 신문 기사를 다 읽자마자 아버지가 돌아가셨다는 소식을 접한게 너무 아이러니컬하다고 얘기를 했다.

지금까지 도널드가 손을 댔던 그랜드 하이야트, 트럼프 타워, 트럼프 플라자, 트럼프 타지 마할, 트럼프 캐슬 등 모든 일들 뒤에는 아버지인 프레드의 전폭적인 지원이 스며있었다. 1990년대 초 파산 위기까지 내몰리자 모든 사람들이 이제 도널드는 끝났다라고 얘기를 했을 때조차 프레드는 자신의 아들이 다시 재기할 수 있다는 믿음을 단 한순간도 버리지 않았다. 어떤 거래를 하든, 어떤 프로젝트를 하든 프레드는 자신의 아들이 항상 승자가 될 것임을 믿어 의심치 않았다.

장례식장에 비추었던 따스한 봄날의 햇볕은 고인인 프레드가 아닌 도널드를 위해 비추어지는 듯한 모습이 연출되기도 했다. 자신의 아버지 장례식장에서도 도널드는 다른 자식들과 달리 자기 자신에 대해 자랑스럽게 떠벌리고 있었다. 그리고 그 자리에서 유일하게 일인칭 대명사를 쓴 사람이기도 했다. 다른 사람들이 프레드를 기억하며 그분이라는 말로써 고인에 대해 언급했지만 도널드는 '나, 나에게, 나의' 라는 말로 일관하면서 자신이 아버지에게 얼마나 신임을 얻었는지에 대해 얘기를 했다. 도널드는 어렸을 때도 그랬지만 지금도 패배라는 단어를 모르고 살고있다. 그에게 후회라는 단어는 어울리지 않았고 오직 성공이라는 두 글자만 존재했을 뿐이다. 어쩌면 그런 것들 모두 아버지에게 물려받은 사고 방식의 힘이 아닐지도 모르겠다.

트럼프라는 브랜드를 활용하다

도널드가 처음으로 맨하탄에 진출했을 때 모든지 최고의 자리에 서고 싶다는 꿈을 가지고 항상 자신의 이름을 알리는 데 주력했었다. 자신이 했던 일들을 항상 자랑스럽게 코팅을 해서 지니고 있다가 사람들에게 보여주기도 했고 그럴 때마다 가장 큰, 가장 높은, 가장 거대한 등의 말을 덧붙이길 좋아했다. 그것은 곧 자신의 뛰어남을 입증할 수 있는 증거 자료로 활용하면서 동시에 다른 사람들을 현혹시키기 위한 전략이었다.

1990년대 초반의 파산 위기에서 간신히 벗어나기 시작할 무렵에도 그에게 무엇보다 더 시급했던 것은 땅에 떨어진 자신의 이름값을 회복하는 일이었다. 아직까지도 막대한 부채에 거기다 모든 재산들은 저당 잡혀있는 상태에서 예전처럼 그의 이름하나만 보고 대출을 얻기란 불가능한 일이었다. 그건 곧 도널드가 제 아무리 날고 기는 사람이라 하더라도 새로운 일을 벌이지 못한다는 사실을 의미했다. 그전까지는 그의 이름하나로 모든 길 시작힐 수 있었지만 이제는 불가능해졌다는 말이기도 했다.

물주를 찾는 일은 그리 오래 걸리지는 않았는데 1993년 여름 새로운 일을 벌일 수 있는 기회가 찾아온다. 제네럴 일렉트릭 투자사의 데일 프레이Dale Frey 회장과의 미팅을 통해 뉴욕에 처음 입성을 해서 사람들을 깜짝 놀라게 했던 일들을 벌였던 그 때처럼 무언가 획기적인 계기를 마련하고자 했다.

센트럴 파크의 남서부 쪽에 자리잡고 있었던 44층짜리 빌딩이 도널드의 목표물이었다. 그곳은 1969년 걸프앤 웨스턴Gulf & Western 사의 본사 건물로 지어져 뉴욕의 랜드마크와 같은 건물이었지만 지금은 데일 프레이가 관리하고 있던 곳 중 하나였다. 너무 오래전에 지어진 건물이라 전혀 세련되지도 그렇다고 현대적이지도 못했고 모든게 불편하기만 했으며 강풍에도 쉽게 흔들려 고층에 있는 사람들은 물조차 편하게 마실수 없을 지경이었기 때문에 주거용으로는 전혀 생각조차 할 수 없는 건물이 되었다.

그렇기 때문에 전부터 그 건물을 헐고 새로 지으려는 움직임이 있긴 했지만 문제는 더 강화된 법령 때문에 층수를 현재보다 더 줄여야 했기 때문에 이러지도 저러지도 못하고 있는 실정이었다. 그래서 도널드가 발빠르게 데일 프레이 회장에게 접근해 해결책을 제시하는 자리를 마련했다. 그 자리에서 현재 층수를 그대로 유지하면서 빌딩을 제대로 활용하려면 먼저 기존의 철골 구조물을 모두 새롭게 바꾸어서 좀 더 안정적인 건물로 재건축을 한 다음에 그중 70%는 아파트로 그리고 나머지 30%는 호텔로 사용한다면 법적으로 아무런 문제가 없다고 설득을 한다. 데일 프레이는 그 때의 일에 대해 "도널드는 우리가 무엇을 어떻게 해야하는지 자신이 알고 있는 모든 지식을 총동원해서 열을 올리며 설명을 했었다."라고 얘기했다.

제너럴 일렉트릭에서만 40년 넘게 금융, 제정관련 업무를 해왔던 프레이는 그 당시 700억 달러 가량의 회사 자산을 관리하고 있었는데 그 중에 부동산은 비교적 적은 편이었다. 도널드의 말을 듣고 난 후 프레이는 당장 어떤 움직임을 취하지는 않았지만 그래도 한번 쯤 고려해 볼만한 사항이라고 생각을 한 듯 했다. 그리고 얼마 후 한 부동산 브로커로부터 도널드가 비록 파산 위기까지 내몰린 사람이기는 하지만 아직까지도 부동산 시장에서는 트럼프라는 이름이 부유층을 대상으로 하는 아파트 시장에서는 충분히 먹히기 때문에 다른 곳보다 훨씬 높은 분양가를 받을 수 있다는 말을 전해듣게 되었다. 또 은행권에서도 도널드 트럼프라는 이름만 놓고 본다면 거래의 귀재임에는 틀림없다는 말들이 다시 솔솔 나오기 시작했다. 1990년대 중반에 경제가 살아나기 시작하면서 도널드에게 변제능력을 훨씬 초과하는 막대한 대출을 해주고 그것 때문에 엄청나게 애를 먹었었던 금융권들도 시간이 지나고 경제가 살아나는 기미를 보이자 도널드에 대해 좀 더 관대해지기 시작했다.

사실 금융 업계의 비즈니스 논리는 아주 간단해서 돈을 원하는 사람에게 대출을 해주고 그것을 통해 이자 수익을 챙기는 것이었다. 일반적인 제조업체들이 항상 새로운 상품을 만들어 시중에서 판매를 통해 수익을 올린다고 봤을 때 은행에서의 새로운 상품이라는 것은 곧 새로운 대출을 의미하는 것이었고 그런 면에서 도널드는 아주 좋은 고객이 될 수 밖에 없었다.

1994년 3월 뉴욕 타임즈에 걸프앤 웨스턴 빌딩의 재건축이라는 전면 기사가 실렸지만 실질적인 기사 내용은 얼마 전까지만 해도 파산 위기에 빠져 허우적거리던 도널드 트럼프가 살아났다는 글들이 주를 이루었다. 막 살아나기 시작한 건설 경기의 신호탄과 같은 공사 프로젝트를 맡는다는 사실도 의미가 있었지만 그것보다 더 큰 의미는 미국에서 가장 큰 투자 회사 중 하나였던 제너럴 일렉트릭 투자사가 도널드를 믿고 투자를 결정했다는 사실이었다.

도널드가 지금까지 벌여왔던 다른 일들과는 다르게 이번 건은 건물 이름만 트럼프 인터내셔널 호텔 앤 타워Trump International Hotel and Tower라고 붙이고 건물주가 되지는 못했다. 단지 건물 내부에 있는 식당과 상점 그리고 옥상 공간에 대해 약간의 지분을 가질 수 있었고 개발 팀을 꾸려가기 위한 활동비정도를 지원 받을 수 있었다. 하지만 조건이야 어찌됐던 도널드에게는 자신의 돈을 한푼도 들이지 않고 뉴욕 한복판에 트럼프라는 이름이 붙은 건물을 지을 수 있게 되고 그로 인해 소생할 수 있도록 하늘이 내려준 기회였다.

또 다른 기회가 얼마 안있어 다시 찾아오는데 그것은 바로 40 월 스트리트Wall Street 빌딩을 구매할 수 있는 기회였다. 워낙 낡고 오랜

된 건물에 사무실도 절반 이상이 비어있던 빌딩이었기 때문에 투자자를 찾을 필요도 없이 총 천만달러의 비용만으로도 빌딩을 사들이고 리모델링 공사를 마칠 수 있었다. 오래전에 지어진 건물이라 빌딩의 외관은 고풍스러운 모습이였고 평소 도널드가 좋아했던 세련되고 눈에 띄는 외양과는 거리가 멀었다. 한 때는 세계에서 가장 높은 빌딩이라는 상징성을 가지기도 했던 그 곳에 도널드의 취향이 어느정도 녹아들게 겉모양을 나름대로 한층 꾸미고 트럼프 빌딩The Trump Building으로 이름을 바꾸었다.

트럼프 빌딩이 재오픈되자 거의 모든 사무실이 임대가 됐고 그로 인해 도널드가 파산 위기에 내몰렸을 때 도널드는 이제 끝났다라고 생각하기도 했던 도이치 뱅크Deusche Bank는 큰 이득을 보게됐을 뿐 아니라 도널드에게도 그가 가장 크게 재미를 본 빌딩 중 하나가 되었다.

그리고 트럼프 빌딩의 대성공으로 인해 다음 작업을 준비할 수 있는 여력이 생기게 되어 세계에서 가장 큰 주거용 건물을 지을 수 있는 발판이 생긴 셈이있다. UN 본부 근처에 있던 땅을 공중권까지 사들여서 70층 대 높이의 트럼프 월드 타워Trump World Tower를 짓겠다고 발표했다. 다행히 별다른 토지 이용 허가를 받지 않아도 됐기 때문에 비교적 일이 순조롭게 진행되었지만 UN의 코피 아난Kofi Annan 사무총장이 트럼프 월드 타워의 규모에 대해 문제를 삼기도 했다. 하지만 법적으로 아무런 문제가 없었기 때문에 뉴욕시에서도 트럼프 월드 타워까지만 기존 법을 적용하고 그 뒤에 건축되는 건물부터 새로운 법 조항을 만들어 규제를 하겠다고 하는 선에서 마무리 되었다. 사업 파트너로 한국의 대우건설을 참여시켜 공사를 진행했으며 그래서 도널드는 자신이 들어간 또 하나의 건물을 만들어낼 수 있었고 일정 수익이 발생하면 그 때부터 수익의 일부분을 받는 조건으로 일을 진행했다.

또 세 군데의 골프장에 트럼프라는 이름을 쓸 수 있게 했고 피자헛Pizza Hut의 TV 광고에 출연을 하기도 했다. 첫 번째 광고는 이혼했던 도널드와 이바나의 공동 출연으로 인해 사람들의 비웃음거리만 됐었는데 두 번째 광고는 2억명의 시청자가 지켜보는 프로 미식축구 결승전인 슈퍼볼Super Bowl이 열리는 날에 피자헛의 새로운 메뉴인 빅 뉴요커 피자Big New Yorker Pizza를 도널드가 소개하는 광고였다. 미국의 유명 광고 대행사인 BBDO 측에서 도널드를 강력히 천거했다고 전해지는데 그 때 BBDO의 책임자는 "광고가 나가는 30초안에 사람들의 시선을 가장 많이 집중시킬 수 있는 사람으로 도널드 트럼프가 최적이다."라고 말했다.

그렇다고 트럼프라는 이름을 홍보의 수단으로 삼는 일이 모두 성공했던 것은 아니다. 1998년 도널드는 제너럴 모터스 빌딩General Motors Building을 구매했는데 1968년 지어진 50층 짜리 그 빌딩은 걸프앤 웨스턴 빌딩처럼 낡고 오래되 흉물처럼 변해가고 있던 랜드마크였다. 하지만 입지 조건은 맨하탄에서 최고로 좋은 곳 중 하나였기 때문에 땅값이 상당히 비싼 곳에 위치하고 있었다. 도널드는 천억 달러 규모의 자산을 운영하고 있던 콘세코Conseco 사와 손을 잡고 빌딩을 사들여 리모델링을 했다.

임대 규정 때문에 그 빌딩의 공식적인 이름은 계속 제너럴 모터스 빌딩이 되어야 했는데 도널드에 의해 제너럴 모터스 빌딩 앳 트럼프 인터네셔널 플라자General Motors Building at Trump International Plaza 라는 이름으로 변형되었다. 그리고는 빌딩 외관에 처음에 나오는 제너럴 모터스 빌딩은 작은 글씨로 별로 티가 나지 않게 걸어놓고 뒤에 나오는 트럼프라는 글자는 크게 해서 눈에 보이기 쉽게 했다. 그래서 전체적으로 균형이 맞지 않는 현판을 새겨 놓았다. 콘세코 사와의 계약 사항에는 빌딩 이름에 대한 크기를 어떻게 해야 한다는 규정이 없었기 때문에 반짝거리는 황금색 글자로 크게 자신의 이름을 박아넣었다.

하지민 예전 GM의 지동차 쇼룸으로 사용되던 공간을 아침 뉴스의 방송 스튜디오로 사용하기 위해 임대했던 CBS의 요구에 의해 황금색을 벗겨내고 티나늄 소재로 다시 만들어 걸기도 했는데 도널드는 그 당시 그 일에 대해 굉장히 못마땅하게 생각을 했다고 한다.

그것도 잠시뿐 콘세코 사가 파산을 하면서 그 빌딩도 처분을 해야 했고 결국 도널드는 콘세코 사에 천 5백 6십만 달러에 자신이 가지고 있던 빌딩의 지분을 넘기게 된다. 그리고 당연히 빌딩 현관에 번쩍거리고 있던 이름도 사라지게 됨을 의미했다. 그리고 몇 달 후 14억 달러라는 기록적인 금액으로 그 빌딩이 팔리게 되었는데 도널드가 아무 소리 안하고 가만히 있었던 걸로 봐서는 뭔가 사전에 있었던 게 아닌가 싶다.

아틀랜틱 시티에서도 번쩍 거리는 트럼프라는 브랜드

아틀랜틱 시티에서도 마찬가지로 여기저기 도널드의 이름이 내걸리게 만드는 일에 집중했다. 1995년 오랫동안 침체되어 왔던 카지노 사업이 다시 활기를 띄기 시작하자 그 타이밍을 이용해 자신의 사업체들을 주식 회사로 전환하려는 움직임을 갖기 시작했다. 트럼프 플라자를 시작으로 타지 마할 그리고 마지막으로 트럼프 캐슬 순으로 진행되었는데 그런 과정을 통해 카지노 사업 때문에 졌던 막대한 부채의 상당 부분을 해결할 수 있었다.

은행들과 마찬가지로 투자사들도 항상 새로운 거래를 찾아다니면서 새로운 이윤을 창출해 내야 했기 때문에 파산 위기에서 가까스로 살아남은 도널드와 다시 거래하려고 했다. 도널드의 카지노들에 대한 채권을 가지고 있던 무리들 중 일부는 결국 투자금을 회수할 수 있었고 또 일부는 채권을 계속 가지고 있는게 부담스러워 다른 곳에 팔아 결과적으로는 손해를 보기도 했다. 정크 본드라는 것이 본래 높은 금리의 이자를 받을 수 있다는 매력이 있긴 했지만 그만큼 위험 부담도 크기 때문에 투자사들도 원금 회수가 확실하다고 판단되는 곳에만 돈을 빌려주려고 했다. 이러한 원칙에서 도널드 트럼프라는 이름은 일종의 예외적인 상황으로 취급되었다.

카지노들에 대한 일들이 어느 정도 마무리되고 그랜드 하이야트의 나머지 지분마저 정리를 하고 나서 도널드는 완전히 파산 위기에서 벗어나게 되었다. 파산 위기에 직면해서 자신의 재산들을 하나 둘씩 정리해 나가야 하는 상황들이 도널드에게는 무척이나 감당하기 힘든 시간이었을테고 그래서 한동안 밤에 잠을 이루지 못했다고 한다.

하지만 이렇게 불면증에 시달리며 보낸 고통의 시간들이 절대 헛되지 않았다는 게 얼마 후 보이기 시작하는데 포브스 지 선정 미국 내 400명의 갑부 리스트에서 빠진지 정확히 6년만이 1996년 368번째의 갑부로 이름을 다시 올리게 된다. 포브스 지에서는 그의 재산 규모가 약 4억 5천만 달러에 이른다고 발표를 했지만 언제나 그랬듯이 도널드의 계산기와 포브스 지의 계산기는 다르게 돌아갔다. 도널드는 포브스 지의 발표내용은 사실과 다르다고 주장하면서 자신의 실질적인 재산은 22억 5천만 달러가 된다고 말했다. 전체 액수가 얼마가 되는지를 떠나서 도널드에게 있어 그 순간은 땅에 떨어졌던 자신의 이름을 다시 예전으로 돌려놓는 것을 의미했고 어떻게 보면 오히려 예전보다 도널드라는 이름이 더 빛날 수도 있는 계기를 마련했다는 것에 주목할 필요가 있었다.

가족에게 트럼프라는 이름의 의미는

트럼프라는 이름을 마케팅 도구로 활용하는 것에만 그친 것은 아니었다. 마음 속 깊이 우러나오는 진심으로 자신의 아이들에게 물심양면으로 트럼프라는 이름을 새겨넣었다. 회사가 무너질지도 모르는 위급한 상황 속에서도 도널드는 언제나 자상한 아버지의 모습을 잃지 않았고 정신 사납게 아이들이 사무실에서 뛰어다녀도 나무라지 않았다. 또 회의중에 아이들과 수시로 전화통화를 했고 멀리 가야할 일이 생기면 가급적 아이들과 함께 가려고 했다.

막내 아들인 에릭이 태어나고 십년이 지난 1993년 말라 메이플스와의 사이에서 티파니 아리아나 트럼프Tiffany Ariana Trump라는 딸이 태어난다. 티파니의 출생은 도널드에게 말라 메이플스와의 결혼에 대해 진지하게 생각해보게 만드는 계기가 되었다. 만약 자신의 딸이 자라나서 결혼도 하지 않은 어떤 여자와의 사이에서 자신이 출생했다는 것을 알게 되면 상처를 받지 않을까 걱정을 하기도 했던 것 같다.

도널드는 자신 옆에서 항상 자리를 지켜주는 말라 메이플스에게 고마워하고 있었다. 매년마다 그녀는 대외적인 마케팅 장에서나 카지노 리셉션이 열리는 날이나 그리고 모든 파티나 공식 석상에서 항상 도널드의 옆에서 묵묵히 안주인 노릇을 해오고 있었다. 도널드의 이름을 빛낼 수 있는 자리라면 지구 끝까지라도 함께 할 것처럼 보였다. 그리고 손님과 도널드가 함께 하는 자리에서는 언제나 조용한 트럼프 가의 일원으로 함께 할 뿐이었다.

말라 메이플스는 도널드에게 있어 단순한 내조자라기보다는 연인의 모습이 더 가깝다고 볼수 있었다. 측근들의 말에 따르면 "그녀는 도널드를 꼼짝 못하게 만드는 성적 매력을 가지고 있었던게 분명하다. 그래서 도널드가 그녀를 대하는 모습을 보면 꼭 여자에 대해 눈을 처음 뜨기 시작한 한창 팔팔한 나이의 남자처럼 보이기도 했다"라고 말했다. 둘이 민난지 6년이 넘었는데도 여전히 도널드는 말라 메이플스의 섹시한 몸매에서 잠시도 눈을 떼지 못하고 있었다. 임신 8개월 째인 그녀를 데리고 출장을 다니거나 파티 만찬에도 항상 데리고 다녔다. 몇차례의 약혼이나 결혼에 대한 추측 기사가 나긴 했지만 단순한 소문으로만 끝났을 뿐이고 그냥 동거 상태로 사소한 말다툼이나 때로는 짧은 별거 상태를 가지기도 하면서 둘 사이의 관계를 유지하고 있었다.

그가 말라 메이플스와의 결혼에 대해 심각하게 고민하기 시작한 계기는 카지노 사업체를 상장시키기로 결정했을 때 뭔가 사람들의 시선을 더 끌어 모을 수 있는 게 없나하고 찾고 있을 때였다. 그의 두 번째 결혼식을 마케팅의 수단으로 활용하려고 했던 것은 누구나 다 아는 사실이었는데 결혼 발표를 하기 앞서 도널드는 가족들과 친구들에게 말라 메이플스와의 결혼이 자신의 사업에 해가 될지, 득이 될지를 물어봤다. 한술 더 떠서 전처인 이바나와 다시 합치는 게 대중들의 여론이 더 좋지 않을까라고도 고민을 했었다고 한다.

어쨌든 1993년 12월에 도널드와 말라 메이플스는 플라자 호텔에서 1,300명의 하객이 운집한 가운데 화려한 결혼식을 올렸다. 결혼식 리허설을 연예가 소식을 다루는 한 TV 프로그램에서만 독점적을 찍을 수 있게 해놓고 도널드는 결혼식 사진을 잡지들과 신문들에게도 팔았다. 결혼식은 도널드가 떠벌렸듯이 성대하게 거행됐는데 수많은 사회 저명 인사들이 참석을 했고 9단짜리 축하 케이크까지 등장했었다.

무수히 많은 여론의 조명속에 열렸던 결혼식은 카지노의 상장 작업에 큰 도움을 줬던 것은 분명하지만 도널드는 그 정도로 만족할 사람이 아니었다. 도널드의 제국이 몰락하고 있을 때는 비즈니스에 대해서는 아무런 관심도, 지식도 없는 말라 메이플스 옆에서 모든 것을 잊고 한숨을 돌릴 수 있는 일종의 안식처처럼 생각했다. 하지만 다시 재기에 성공해서 바쁜 나날을 보내고 있는 도널드에게 말라 메이플스가 새로 태어난 티파니와 자신에게 신경을 써달라고 불평을 늘어놓기 시작하자 슬슬 염증을 느끼기 시작했다. 다시 바쁘게 일이 돌아가기 시작하면서 도널드는 예전의 일중독자의 모습을 되찾아가고 있었고 그래서 잠잘 때를 빼고는 온통 그의 머릿속에는 일에 대한 생각뿐이었다.

그렇게 문제가 불거지기 시작한 결혼 생활 속에서 어느날 팜비치 경찰이 백사장에서 말라 메이플스가 그녀의 보디가드와 함께 뒤엉켜있는 것을 발견했다는 기사가 보도된다. 말라 메이플스는 단순히 화장실이 급해서 그런 것뿐이라고 말했는데 도널드는 그 기사를 접하고 그 때는 아무 말이 없다가 둘의 이혼을 발표하는 자리에서 그 일에 대해 언급을 했었다. 그의 결혼 생활의 마지막은 항상 비즈니스적인 문제들이 결부가 되어있었는데 말라 메이플스와 맺은 혼전 계약서에 따라 지급해야 할 위자료를 가지고 전치인 이바나에게 했던 것과 마찬가지로 한푼이라도 더 깎기 위해 애를 썼다.

그의 옆에서 언제나 변치않고 자리를 지키고 있고 그 또한 가장 중요하다고 생각하는 사람들은 그의 부모님과 형제들 그리고 자식들 뿐이었다. 그들은 항상 같은 자리에서 영원히 함께할 사람들이었다. 물론 순간적으로 사이가 멀어지거나 소원해질 때도 있었지만 그 사람들과 도널드 사이의 관계는 기본적으로 변할 수 없었다. 도널드는 다른 사람들은 몰라도 자기 가족들 부모님과 형제들과 자식들에게 만큼은 넓디 넓은 포용력을 보였고 따듯하고 이해심 넓은 면을 보였다. 일례로 슈퍼 모델들처럼 완벽한 몸매와 아름다운 얼굴을 가진 여자들조차 함부로 자신의 몸에 손을 대지 못하게 했으며 그 또한 그 여자들에게 쉽게 손을 내밀려하지 않았을 만큼 아무나 자신의 몸에 손을 대는 것을 병적으로 싫어했다.

하지만 자식들에게는 절대 그런 모습을 보이지 않았고 언제 어디서나 애정이 듬뿍담긴 아버지로서의 스킨십을 통해 자상함을 전달했다. 항상 정장을 고집했던 이유도 프로페셔널한 이미지를 보이기 위해서 그런 것도 있지만 정장을 입으면 아무래도 상대방이 쉽게 가까이 하지 못하기 때문인 것도 있었다. 도널드 옆에서 오랫동안 경호 업무를 맡았던 경호원들도 밀착 경호를 하는 일반적인 경호원들과 약간 다르게 항상 어느 정도 거리를 두고 경호를 해오고 있었다.

도널드의 사무실에 자주 놀러오는 사람들은 많은 편이었다. 물론 그런 사람들은 대부분 비즈니스와는 별 관계없이 잠깐 동안 머무르면서 도널드의 애들같은 행동이나 유치한 말장난을 좋아하던 사람들이었다. 어떨 때보면 정말 천진난만한 어린 아이처럼 그런 모습을 보이기도 하고 어떨 때는 직원들을 데리고 장난을 치는 유치찬란한 모습을 보이곤 했다고 하는데 어쨌든 유머를 좋아했다고 한다.

하지만 그런 말장난 상대를 떠나 정말로 깊은 우정을 나눈 그런 절친은 손에 꼽을 만큼 몇 되지 않았다. 왜그런지 이유를 굳이 찾아보지 않아도 쉽게 알 수 있는데 무엇보다 일 속에만 파묻혀 살았기 때문에 보통 남자들처럼 서로 둘러 앉아 개인사에 대해 얘기할 시간도 없었고 그런 거에 관심도 없었다. 도널드의 한 지인은 "그 사람은 누군가와 개인적인 일로 단둘이 마주 앉는다는 것의 필요성을 느끼지 못했고 또 말을 이리저리 빙빙 둘러대거나 말을 복잡하게 꼬는 사람들을 싫어해서 직선적으로 감정에 얽매이지 않고 핵심에 대해서만 말하는 것을 좋아했다."라고 했다.

도널드의 본 모습을 보려면 옆에서 오랫동안 지켜봐야 그 실체를 알 수 있다. 도널드가 맨하탄에 처음 왔을 때부터 오랫동안 잘 알고 지낸 또 다른 지인은 "도널드가 당신에 대해 칭찬섞인 말을 하고 있을 때는 도널드의 눈이 어디를 향하고 있는지 유심히 봐야 합니다. 그리고 또 도널드는 사람을 만날 때 만약 상대방이 자신보다 능력이 뛰어난 사람이라면 처음에는 굉장히 호의적으로 접근을 하다가 시간이 지나면 좀 중립적인 태도를 보이고 또 시간이 더 지나면 부정적인 태도를 취합니다. 항상 그래왔는데 도널드가 그런식으로 사람을 대하는 것도 마케팅의 일종이라고 보면 됩니다."라고 말했다.

어떤 인간 관계에서도 도널드는 항상 리더의 역할을 수행하려고 했고 때로는 기브앤테이크의 관계만을 고집하지는 않았다. 그에게 친구란 존재의 의미는 전화 통화를 오래하는 사이도 아니고 밤늦게까지 술잔을 기울이며 얘기를 나누는 그런 사이도 아니었다. 대신 사회적 저명 인사들이나 사업적으로 친분이 있는 사람들 그리고 자식들이 그에게 친구와 같은 존재들이었다.

도널드는 매년 US 오픈 테니스 경기를 보러가는데 핫도그와 감자 튀김을 먹으면서 가장 앞자리에 앉아 시합을 관람한다. 앞에서 말했던 것처럼 유명 레스토랑에서 사람들에게 제일 쉽게 보이는 가운데 자리에 앉았던 것처럼 테니스 경기장에서도 그런 자리에 앉아 지나가는 사람들과 인사를 나눈다. 왜냐하면 TV 카메라에 제일 잘 잡힐 수 있기 때문이다. 그것도 수백만명의 시청자가 지켜보는 가운데 다른 사람들이 도널드에게 인사하는 모습이 카메라에 잡힌다면 사람들이 무슨 생각을 할지 그것을 도널드는 알고 있다. 도널드의 단면을 볼 수 있는 아주 중요한 사실이기도 하다.

어프렌티스
(Apprentice)

CHA. 10

$ $ $

언제나 자신의 성공이 최우선이었던 도널드는 그로인해 많은 사람들과 멀어졌다. 시도때도 없이 경쟁을 즐겼고 어떻게 하면 다른 사람들이 해놓은 일보다 항상 더 크고, 더 좋게 할 수 있는지에만 매달렸다. 경쟁에서 겼을 때조차 자신은 승자라고 말했고 이겼을 때는 사실보다 더 과장되게 자신의 승리를 얘기했다. 심리학적으로 얘기하자면 도널드와 같은 행동을 보이는 사람을 자아 도취 혹은 자기 중심적이라고 표현하고 그러한 행동은 자신에게 내재된 불안감을 숨기려고 할수록 더 많이 나타난다고 한다. 도널드 자신은 그런 모습들을 약간 과장을 섞어서 얘기할 뿐이지 진실된 행동이라고 말한다. 그의 지인인 에드 고든Ed Gordon은 말을 많이 해야 하는 수

다병에 걸린 사람같다고 했다. 하지만 그의 행동을 한마디로 가장 잘 표현한 말은 맨하탄에서 가장 큰 부동산 회사를 운영하는 바바라 코코란Barbara Corcoran 회장이 했던 말이다. "도널드의 장점은 좋을 때나 힘들 때나 좋은 쪽으로 생각한다는 점이고 아무리 황당한 얘기라도 아무렇지 않게 뻔뻔스러울 정도로 얘기할 수 있는 재능을 가지고 있다. 누구나 고등학교 때 이런 스타일의 친구를 한 두명은 접해봤겠지만 그들과 도널드의 차이점이라면 대부분은 크면서 성격이 변하기 마련인데 도널드는 지금도 그렇다."

할아버지, 아버지 그리고 도널드 트럼프

도널드가 다른 사람들보다 탁월하게 뛰어났던 점은 머리 회전이 굉장히 빨랐고 특별히 계산기도 필요없을 정도로 셈이 빨랐다는 점이다. 그 덕분에 거래에 있어서만큼은 예술적인 경지에 오를 수 있었다. 그러나 자기 자신을 굉장히 위대하고 남들과 비교할 수 없을 정도로 뛰어나다고 스스로 자화자찬 속에 빠져 생각하는 근본적인 습성은 결국 과욕의 대명사가 되게 만들었다. 어릴 때는 그런 성격 때문에 아버지에게 가장 사랑받는 아들이 될 수 있었고 또 가장 촉망받는 아버지의 수제자가 되기도 했다.

살아온 환경이나 시대는 다르지만 도널드와 아버지 프레드 그리고 할아버지 프레드리히는 서로 닮은 점이 많다. 세 사람 모두 돈되는 일이라면 물불 안가리는 넘치는 에너지를 가지고 있었고 때로는 돈앞에서는 무자비한 냉혈한으로 변하는 모습도 가지고 있었고 대범함과 뛰어난 기술 한 가지씩은 가지고 있었다. 그리고 각자가 풍미했던 시대에서 정도의 차이는 있지만 미국 역사의 한 귀퉁이를 장식했다.

도널드의 할아버지가 미국이라는 신세계에 발을 내딛은 후 이발사일부터 시작해서 다른 여러 가지 업종의 일을 했지만 어떤 일을 하더라도 고객들에게 친절한 서비스로 대해 항상 단골들을 만들었다. 또 도널드의 할아버지는 업종을 바꿔 다른 일을 하더라도 자신의 이름이 내걸린 간판만큼은 바꾸지 않았다. 말년에 처음으로 부동산업을 시작했을 때도 좋은 땅을 사서 집을 짓는 일에만 집중하지 않고 자신의 명예를 소중하게 생각했었다.

그런 할아버지의 뒤를 이어 아버지 프레드는 할아버지와 또 다른 자신만의 방식으로 일을 해나갔는데 그것은 정치적인 인맥을 활용해서 사업을 넓혀 나가는 방법이었다. 하지만 그 역시도 가문의 명예를 소중하게 생각하는 전통을 헛되이 하지 않았다. 필요할 때만 그것도 형식적인 보도 자료를 신문사에 보냈고 그 시대의 다른 건축업자들처럼 뻔한 문구를 넣어 빌딩 이름을 새겼다. 마지막에 지었던 트럼프 빌리지만이 유일하게 트럼프라는 이름을 가진 건물이었다. 그리고 트럼프라는 이름이 들어간 그 건물은 훗날 도널드가 자신만의 방식으로 사업을 키워나가는 모티브가 되기도 한다.

도널드는 할아버지, 아버지처럼 빌딩의 철골 구조물이 어떻게 세워지는지 옥상은 또 어떻게 덮여지는지 등을 알고 있었다. 하지만 할아버지처럼 공사장에서 자신의 손으로 직접 집을 짓는 대신 건물을 하나 세울 때마다 적임자를 찾아 고용하고 일이 끝나면 해고시키며 집을 지었고 또 하청 업체들을 통해 일을 하거나 유지 보수를 전담하는 사람을 따로 두었다.

그리고 아틀랜틱 시티의 카지노에는 공사장 인부들과는 다른 성격의 노동자들이 슬롯 머신들 옆에서 허드렛 일을 하고 있었다. 할아버지나 아버지보다 거래를 이끌어내는 기술이 탁월하기도 했지만 그들보다 더 칭찬받을 일은 자신이 하는 일은 무엇이 됐던 트럼프라는 이름을 새겨넣은 게 아닐까 싶다. 이름 하나 넣는게 겉으로 보이기에는 아무 일도 아닌 것처럼 보일지 몰라도 실제로는 꽤 힘든 일이고 이름이 계속 붙어있게 만들려면 만사를 제쳐두고 최우선적으로 생각하고 신경써야만 가능한 일이다.

트럼프라는 브랜드로 또 한번 위기를 넘기다

2005년에 맨하탄에는 트럼프라는 이름이 들어간 빌딩이 11곳이나 되었고 그 건물들 중 절반 이상은 도널드의 돈이 한푼도 들어가지 않거나 극히 일부만 투자를 한 건물들이다. 얼핏 보기에 그 중 서너군데만이 그가 실제 소유주라고 할 수 있는데 도널드는 트럼프라는 이름이 들어간 건물 모두 자신이 주인이나 마찬가지라고 말하고 있다.

예전부터 말이 많았던 웨스트사이드의 트럼프 플레이스Trump Place의 일례를 들면 그곳은 분명 홍콩 컨소시엄에서 돈을 대 지은 곳이었다. 뉴욕 타임즈 매거진에서 트럼프의 지분이 얼마나 되는지 물어보자 홍콩 컨소시엄의 고문 변호사는 단순히 보수를 받는 그런 사람이 아니라 중요한 파트너라고 얘기를 했다. 트럼프가 현재 수익의 일정 부분과 관리 수수료정도를 받고 있다는 사실을 우회적으로 좋게 얘기한 것이라고 볼 수 있다.

도널드에게 누군가 이런 말들에 대해 어떻게 생각하냐고 묻자 다음과 같이 말했다.

"나는 일개 나부랭이 고용인이 아니란 말이야. 정확히 50대 50의 지분을 가지고 있는 주인이야 주인. 정확하게 트럼프 플레이스가 만들어지는 데 있어 절반은 내가 일조한거야. 내 덕분에 맨하탄에서 가장 성공적으로 일이 끝날 수 있었단 말이지." 결국 트럼프 스타일의 설명이었고 거기다 수수료를 받고 있는 상황에 대해서는 다음처럼 말했다.

"내가 수수료를 받고 있는게 뭐 잘못된 일이야? 수수료를 받는 건 받는 거고 난 그 일에 대해 주인이나 마찬가지야. 내 말 잘 들어. 나는 웨스트 사이드의 주인이야 가장 큰 주인. 수수료 받을려고 일하는 사람이 아니라는 말이지. 이해 돼? 트럼프 플레이스가 세워질 수 있게 가장 크게 한 몫한 주인이야. 솔직히 한 50% 정도는 내가 한 몫 한 것같아. 나보고 그냥 수수료나 받는 사람이지 주인은 아니라고 말들을 하는데 그런 헛소리들은 집어치워."

1990년 대 초 파산 위기에 내몰렸을 때 트럼프라는 이름값은 카지노를 도널드가 그대로 소유할 수 있게 큰 도움을 줬다. 채권단이 압류해서 다른 사람한테 넘기는 것보다 도널드 트럼프라는 인물이 운영하도록 두는 게 한푼이라도 더 건질 수 있는 확률이 높다고 생각했었기 때문이다. 그렇게 트럼프라는 이름이 들어가 있는지 아닌지에 따라 시장에서의 반응이 틀리다고 생각할 정도였는데 어쨌든 그 덕분으로 카지노 사업체를 주식 회사로 전환하고 자구책의 노력 끝에 다시 옛 명성을 되찾을 수 있었다. 하지만 부채는 계속 무겁게 짓누르고 있는 상태였다.

그리고 10년이 지난 후 도널드의 카지노 사업은 또 다른 시련 속에 빠지게 된다. 아틀랜틱 시티에 인접해 있는 펜실베니아에서 슬롯 머신을 합법화했고 아틀랜틱 시티에는 타지 마할이 생긴 후 처음으로 새로운 카지노 호텔이 들어서서 도널드의 카지노 사업체들을 위협하기 시작한다. 총 공사비용으로 11억 달러가 들어간 보가타 Borgata는 라스베가스 스타일의 리조트로 고급 상점들과 식당들 그리고 특히 스파가 유명해서 얼굴 맛사지를 받기위해 8주나 기다릴 정도로 예약 손님이 넘쳐났다. 보가타의 등장은 아틀랜틱 시티에 있는 다른 카지노들을 파리만 날릴 정도로 한가하게 만들었고 도널드의 카지노 호텔을 더 궁지로 몰아넣었다.

새로 생겨난 업체와 경쟁을 하려면 깨끗하게 전면 새 단장을 하고 호텔 객실을 더 많이 늘리면 간단했지만 고금리의 막대한 부채 때문에 이자내는 것도 버거워 하던 도널드의 카지노 사업체에는 실내 장식을 바꾸거나 페인트 칠을 새로 할만큼의 자금도 없었다. 손님을 계속 끌어 모으려면 카지노 호텔을 화려하고 웅장하게 꾸며놔야만 하는 그 바닥 세계에서는 심각한 문제였다. 그리고 더 심각한 문제는 호텔 객실 수였는데 보통 하루동안 잠깐 카지노를 하고 가는 사람보다 밤새 카지노에서 즐기는 사람들이 도박판에서 쓰는 돈이 최소 3배 이상 되었기 때문에 그런 사람들을 위해 호텔 방을 충분히 확보하고 있어야 했다. 하지만 호텔 객실수를 확충할 수 있는 돈은 꿈도 꾸지 못하고 있던 형편이었다. 카지노 사업 전문가들은 이론적으로 도널드가 호텔 방을 두 배로 늘릴 수만 있다면 그만큼 수입이 훨씬 더 많아질 수 있는 게 확실했지만 현실적으로는 누가 도널드를 믿고 돈을 투자할 수 있겠나 하는 점이었다.

하지만 트럼프라는 이름이 가지는 힘은 무시할 수 없다는 게 얼마 후 입증되었다. 2004년 트럼프 호텔 & 카지노 리조트THCR, Trump Hotel & Casino Resort 측에서 막대한 이자 비용에 힘겨워하다 결국은 채권단과 합의 조정을 마치고 파산 보호 신청(구조조정을 통해 경영을 정상화하기 위한 수단으로 일단 법원이 신청을 받아들이면 일상적인 경영은 기존 경영진이 맡되 중요한 의사결정은 파산 법원의 승인을 받아야 한다.)을 준비한다. 채권자들은 채무 일부를 탕감해주고 금리도 낮춰주기로 한다. 그리고 도널드는 THCR의 회장 및 최고경영자CEO 자리를 그대로 유지한다는 합의가 이루어졌다.

이번에는 도널드의 입에서 모든지 100% 자기가 주인이라는 말은 나오지 않았다. 자신이 가졌던 지분 중 절반 이상이 줄어들었음에도 불구하고 어떻게 보면 그렇게 나쁜 일만은 아니라고 얘기를 했다. 도널드가 말하길 "나는 빚만 잔뜩 낢은 회사의 지분이 56%에서 27%로 줄어들었다. 빚만 잔뜩 있는 회사의 56%와 27% 지분 중 어느게 더 좋을지는 뻔한 일이기 때문에 그 어떤 누구보다 더 훌륭한 거래를 한 셈이다. 카지노들은 항상 내게 좋은 거래만 안겨다 준다. 이번 일로 해서 내가 얼마나 이득을 본지 알아? 비밀이지만 상당히 많아. 개인적으로 빚에 대한 부담을 많이 줄였고 또 생긴 돈으로 뉴욕에 있는 부동산에 투자를 할 수 있고 그래서 너무 행복해." 라고 했다.

2004년에 일어난 또 한번의 위기는 결국 이렇게 이자에 허덕이며 죽음의 문턱에까지 다다른 것처럼 보였던 도널드가 극적으로 회생을 하게 된다. 하지만 아직 풀지 못한 숙제도 있었는데 채권단과의 합의 내용 중에는 도널드가 개인적으로 7천 백 4십만 달러를 카지노에 투자를 해야 했고 그중 5천 5백만 달러는 현금이어야 한다는 조항이 있었다. 합의 내용이 발표나자마자 사람들은 도널드가 과연 그 자금을 마련할 수 있을지 궁금해 했다. 부동산을 통해 돈을 마련하거나 아니면 어프렌티스(Apprentice - 2004년 NBC에서 방영한 프로그램으로 도널드 트럼프가 출연해서 지원자들을 두 팀으로 나누고 그들에게 과제를 하나씩 준 후에 이긴 팀은 도널드가 특별한 포상을 주고 진 팀에서는 한명씩 쫓아내는 식으로 진행해 최종적으로 남은 한사람은 트럼프 소유의 회사에서 일할 수 있는 기회를 준다)와 같은 TV 프로그램의 사전 출연료를 높게 받거나 하여튼 도널드만의 독창적인 방식으로 자금을 마련하지 않을까라고 생각들을 했다.

어프렌티스라는 TV 프로그램

트럼프라는 이름은 도널드에게 있어 단순히 한 가족을 나타내는 의미보다는 더 특별한 의미를 지니고 있었다. 공사가 끝날 때마다 건물에 트럼프라는 이름을 붙이는 일은 단순히 홍보를 목적으로 했다기 보다는 자기 자신을 브랜드화하려는 목적이 있었다. 투자가들이 도널드에게 몰리고 사람들이 도널드의 건물들에 서로 입주하려고 했던 것은 도널드를 통해 단순히 돈을 벌고자 했다기보다 '도널드 트럼프'라는 브랜드를 사고 싶어 했을지도 모른다. 돈을 물쓰듯이 하는 사람으로 그리고 항상 짙은 색 양복에 능글 맞은 웃음과 굉장히 독특한 헤어스타일을 하고 다니는 사람으로 각인되고 있는 걸어다니는 브랜드였다. 브랜드에 관해 최고라고 인정받고 있는 슈미트 교수는 "도널드는 개인을 브랜드화한 선구자 중 한 사람입니다. 컴퓨터하면 사람들이 가장 먼저 빌게이츠와 스티브 잡스를 떠올리듯이 도널드는 부동산하면 가장 먼저 떠오르는 브랜드가 되었습니다."라고 말했다.

어쨌든 그런 전략은 성공적인 결과를 가져온다. 1990년 대 초 그가 40대 후반에 들어섰을 때 10억 달러 가까운 빚을 지고 있었다. 그리고 시간이 지나 2004년 봄 60대를 바라보는 나이가 되었을 때 포브스 지에서 선정한 400인의 갑부 리스트에서 도널드는 74번째로 돈이 많은 부자로 이름을 올렸고 재산은 약 26억 달러에 이른다고 발표됐다. 다른 사람들은 보통 그런 순위에 오른다는 사실 하나만으로도 만족하거나 아니면 아무런 의미조차 두지않고 신경도 쓰지 않겠지만 도널드는 도널드답게 자신의 재산은 실제로 훨씬 더 많다고 떠들어댔다.

실제로 재산이 얼만지 정확하게 파악하기 힘들어 보이는 가운데 뉴욕 타임즈는 도널드의 재산은 대부분 유산으로 받은 것이고 또 빚을 다 제하고 나면 2억에서 3억 달러 정도 될 것이라고 얘기했다. 하지만 도널드는 그 기사가 틀렸다고 강하게 얘기하면서 자신은 60억 달러의 재산을 가지고 있다고 말했다. 어쨌든 누구 말이 맞는지가 중요한게 아니고 그런 식으로 언론들과의 논쟁을 통해 세간의 관심을 지속적으로 받으려고 하는 속셈이 깔려있다는 것을 알아야 한다.

오랫동안 도널드는 대중들의 시선을 끌기 위해 신문이나 잡지의 지면을 활용해 오고 있었다. 하지만 2004년 역사적인 만남이 이루어지면서 획기적인 일이 벌어지게 되는데 서바이버Survivor라는 리얼리티 TV 프로그램의 PD였던 마크 버넷Mark Burnett을 우연히 만나게 된다. 도널드와 인사를 나누자마자 마크 버넷은 도널드의 자서전을 감명깊게 읽었다고 말하면서 자신에게 새로운 프로그램에 대한 좋은 아이디어가 있는데 함께 해볼 생각이 없냐고 물어본다.

처음에 도널드는 수십대의 카메라가 돌아가는 리얼리티 프로그램을 소화해 낼 자신이 없다고 손사래를 쳤지만 마크 버넷이 구상하고 있던 프로그램의 컨셉을 듣고 생각을 다시 하게 된다. 그 프로그램은 팀을 둘로 나눠 각 팀에게 비즈니스와 관련된 과제를 하나씩 내주고 일주일동안 경쟁을 벌이게끔 한 다음에 지는 팀에서 한 명을 내보낸다는 게 전체적인 줄거리였다. 정글 속에 떨어뜨려놓고 승자를 가렸던 서바이버 프로그램과 달리 이번 프로그램은 뉴욕이라는 도시에서 벌어지는 치열한 경쟁을 리얼리티 프로그램으로 만들고 싶다고 했다. 그 얘기를 다 듣고나자 도널드는 바로 오케이를 했다.

TV는 도널드에게 딱이었다. 다른 말이 더 이상 필요없을 정도로 모든게 잘 맞았다. 특이한 말투와 외모 그리고 과장된 표현 방식 등은 오락 프로그램에서 요구하는 최고의 자질이었고 그런 면에서 도널드는 한마디로 딱이었다. 텔레비전 위크지의 편집장이었던 미셀 그레피Michele Greppi는 그 프로그램에 대해 "도널드는 시청자를 들었다 놨다하는 능력이 있었다. 그래서 그 쇼를 볼 때마다 다음에 어떤 일이 벌어질지 긴장의 끈을 놓지 못하게 만들었다. 최종 승자가 누가 될지는 별로 궁금하지 않았지만 한 회가 끝날 때마다 도널드가 참가자들 중 누구를 해고시키고 누구를 칭찬할지는 정말 궁금했다."라고 말했다.

그 프로그램에서는 간간히 도널드의 인간적인 면을 보여주려고 애를 쓰기도 했다. 프로그램 속에 나오는 참가자들 중 한명의 어머니가 암에 걸린 사실을 알고는 위로하는 모습을 보여주기도 하고 또 이바나라는 이름을 가진 참가자를 호명할 때는 그의 전처 이름과 같다는 이유로 멈칫하며 난감해하는 표정을 보이기도 하고 자신의 헤어스타일을 가지고 장난을 치기도 했다.

어프렌티스를 통해 도널드가 가장 흡족해했던 부분은 언제나 세상에서 가장 크게 성공한 사람으로 자신을 포장하고 싶어했던 그의 평소 생각을 대중들에게 가장 잘 어필할 수 있었다는 점이다. 쇼에 출연했던 참가자들은 도널드의 헬리콥터나 골프장, 카지노를 보고는 입이 벌어지기도 했고 도널드가 자신 들 중 한사람을 손가락으로 가르키면서 "넌 해고야"라고 말할 때마다 벌벌떨었다. "넌 해고야"라는 말은 이 프로그램의 대명사와 같은 말이었다.

어프렌티스는 처음 시작할 때 그 당시 가장 인기가 높았던 프렌즈 Freinds라는 시트콤이 끝나면 바로 뒤이어 방영되게 편성상의 혜택을 받았다. 2004년 1월 8일 첫 방송이 나가자마자 시청자들의 반응이 뜨겁게 나타났고 평균적으로 2천만명의 시청자들이 즐겨보는 프로그램이 됐고 최종회에서는 4천만명까지 시청한 것으로 집계되었다.

시청자들의 열렬한 반응은 학교로까지 이어져 경영학을 가르치는 교수들 중 일부는 아주 좋은 표본이라고 말하면서 학생들에게 참고하라고 말하기도 하고 또 일부는 프로그램에 나오는 참가자들이 이기는데만 혈안이 돼서 상도덕을 벗어나는 일들을 할 때면 실무에 임할 때는 절대 해서는 안되는 행동이라고 꼬집기도 했다. 첫 번째 시즌(1편)이 끝나고 여러 나라에 방송 판권이 팔려나가 세계 곳곳에서 방송되기도 했다. 표면적으로는 16명의 참가자 중 한 사람만이 우승을 할 수 있었지만 따지고 보면 참가자 모두 승자였다. 하룻밤사이에 참가자 모두 유명세를 타기 시작해서 각종 매체에서 인터뷰 요청이 쇄도했고 수많은 회사에서 스카웃 제의가 들어왔으며 그 중에 책을 낸 참가자도 있었다.

첫 번째 시즌을 시작할 때만 해도 프로그램에 참가하기 위해 지원한 사람들이 215,000명이었는데 두 번째 시즌의 지원자는 만명을 훌쩍넘었다. 뉴욕에서 참가 신청을 원했던 지원자들은 아침 8시부터 트럼프 빌딩앞에서 장사진을 치고 있었고 그들 중 일부는 추운 날씨에도 불구하고 밤새 문이 열리기만을 기다리며 서있던 사람들도 있었다. 그러다가 도널드가 그들 앞에 잠깐이라도 나타나는 날에는 거기에 모여있던 지원자들이 모두가 도널드 트럼프라는 이름을 부르며 환호를 했는데 그 때 모습이 꼭 비틀즈가 그들 앞에 나타난게 아닐까하는 착각이 들 정도였다고 한다.

어프렌티스의 최종 우승자는 트럼프 오거니제이션에 입사해 1년 동안의 인턴 사원으로 근무할 수 있는 특권이 부여됐는데 참가자들에 더 큰 특권은 그 프로그램에 참여하는 동안 트럼프라는 브랜드와 함께 할 수 있다는 사실이었다. 참가자들 대부분 우승에 의미를 두기보다는 자신들을 홍보할 수 있다는 점에 더 매력이 있었다고 말했다.

시청자들이야 최종 우승자가 누가 되는지 가장 궁금해 했지만 TV 방송국의 가장 큰 관심은 광고주를 얼마나 끌어모을 수 있는지였다. 하지만 기술이 발전하면서 시청자들이 광고는 건너뛰고 본 프로그램만 볼 수 있게 되자 방송국 관계자들은 기업들의 신상품을 프로그램 안에 넣어 간접 광고를 하는 방식을 생각해내게 되고 마크 버넷도 전에 만들었던 서바이버 프로그램에서 승자들에게 광고주들의 제품인 음료수나 먹을거리를 상으로 주면서 광고주들을 만족시키려고 노력했었지만 광고주들은 별로 내키지 않아했다.

그런데 어프렌티스에 별로 유명하지도 않은 개인 전용기만 전문으로 판매하는 회사가 프로그램 중에 나왔는데 방송 후 전국적으로 그 회사의 이름이 알려지면서 광고비를 뽑고도 남을 만큼의 성공을 거둬들였다. 그 후 두 번째 시즌부터는 유명 회사들의 제품들이 거의 모든 회에 여기저기 등장을 한다. 도널드가 손을 대면 마법이 일어나는 것일까. 방송에서 한번은 참가자들에게 한 회사의 치약을 시장에 런칭시키는 과제가 주어졌는데 방송이 끝나자마자 그 회사의 웹사이트가 마비될 정도로 시청자들의 접속이 폭주하기도 했다.

걱정이라는 단어는 어울리지 않는 사람

　브랜드 이름만 좋다고 성공하는 것은 아니다. 브랜드는 소비자가 사고 싶어하는 물건을 만들고 그 위에 덧입히는 작업이다. 소비자가 예전에 좋아했던 것도 아니고 소비자가 좋아할 것이라고 착각해서도 안되고 현재 시점에서 소비자가 원하는 것을 만들어야 한다. 도널드가 가진 상품은 무엇일까? 바로 부동산이다. 화려하다 못해 호화스럽고 값비싼 건물들 그리고 상류층을 겨냥한 아파트들 그래서 가장 비싼 돈을 내고 들어가야 하는 곳들이다. 트럼프라는 이름이 들어간 아파트들은 맨하탄에서 가장 비싼 아파트들이며 토론토, 피닉스, 라스베가스, 캘리포니아 등에도 고급 아파트들을 짓고 있으며 시카고에서 건축중인 90층짜리 주상 복합 빌딩은 이미 가장 높은 분양가를 기록하고 있다.

　어쨌든 도널드는 어프렌티스의 성공을 통해 다시 한번 자기 자신을 재창조해냈다. 기존에도 유명했던 사람이었지만 어프렌티스라는 프로그램덕분에 부의 대명사도 확실하게 자리매김을 하게됐다. 한때는 부동산하면 떠오르는 브랜드였지만 이제는 어떤 물건도 그 브랜드만 가지면 성공할 것 같은 만능 브랜드가 되었다. 어프렌티스에 나오는 도널드의 모습을 본따 만든 말하는 인형은 아마존닷컴에서 최고로 잘팔리는 인형이 되었고 다른 수많은 제품들도 너할 것없이 트럼프의 이름이나 사진을 붙였다. 그리고 도널드도 그 어느 때보다 바쁘게 지내면서 라디오 방송에 출연하기도 하고 상품 광고에 출연하기도 하고 두 권의 책도 출간을 했다. 그리고 말라 메이플스와 이혼 한 후 새로 사귀고 있던 멜라니아Melania에게 백 5십만 달러짜리의 13캐럿 다이아몬드로 된 약혼 반지를 전해주면서 대중들의 시선을 끈다.

언제까지 트럼프라는 브랜드가 성공할 수 있을까라는 의문점에 대해 바라보는 시각은 크게 두 가지로 나뉜다. 첫 번째는 회의적으로 보는 시각으로 아무리 성공한 브랜드라도 여기저기 다 쓰게 되면 희소성이 떨어지게 되기 때문에 지금처럼 트럼프라는 브랜드가 필요이상으로 과다하게 쓰이면 결국은 브랜드가 죽을 수 밖에 없다라는 얘기들이다. 그리고 두 번째는 사업에는 과다한 노출이라는게 존재하지 않기 때문에 앞으로도 계속 성공할 수 있다라고 보는 시각이다.

그럼 본인인 도널드는 어떻게 생각할까. 자신의 이름이 너무 곳곳에 노출되는것에 대해 어떻게 생각하냐는 질문을 받았을 때 도널드는 왜 그런 말을 물어보는지 의아하게 생각했다. 그게 무슨 말인지 이해하지도 못하는 듯 했고 여기저기 너무 많이 노출된다고도 생각하지 않았다. 곳곳에서 사용되고 있던 자신의 이름이나 사진이나 목소리들은 당연히 있어야 할 자리에 있다고 생각을 했다. 여기저기서 자신의 이름이 어떻게 오르내리고 있는지 내용이야 설령 안 좋다하더라도 화제의 중심이 되는게 더 중요하다고 생각을 했다. 그의 이름이 브랜드로서 과다하게 사용되고 있다는 사실은 그에게는 별다른 걱정거리가 아니었다.

언젠가 한번은 어느 강연장에서 걱정거리가 생겼을 때 어떻게 하냐는 질문을 받자 이렇게 말을 했다.

"대부분의 사람들은 가만히 앉아서 어떻게 하면 자신들의 인생이 행복해질 수 있는지 얘기하느라 시간을 다 보내는데 나는 다르다. 나는 긍정적인 생각도 부정적인 생각도 하지 않는다. 오로지 목표에 대해서만 생각한다. 그냥 가만히 앉아서 목표를 구상하는 걸 좋아하지 않는다. 그 시간에 나는 먼저 실행에 옮긴다. 나는 걱정도, 포기도 안한다. 내 아버지가 걱정이나 하면서 지낼 시간에 일을 했던 것처럼 나도 그렇다. 사람들이 걱정을 하고 있을 시간에 난 일을 끝마치기 위해 땀을 흘린다."

도널드 트럼프의
부와 **명예** 그리고 **거짓**

1판 1쇄 인쇄　　2009년 8월 15일
1판 1쇄 발행　　2009년 8월 30일

지은이 그웬다 블래어　**옮긴이** 지병현　**펴낸이** 조헌성　**펴낸곳** (주)미래와경영
책임 엄진영　**기획** 강성진　**편집** 김석미　**영업/마케팅** 김수영·박병오
북디자인 이인숙　**인쇄** 해외정판사　**제본** 대산바인텍
주소 서울특별시 구로구 구로동 222-14
대표전화 (02)837-1107　**팩스** (02)837-1108
등록번호 제 16-2128호
홈페이지 http://www.FNM.co.kr

값 15,000원
ISBN 978-89-6287-025-1　13320

이 책 내용의 일부 또는 전부를 재사용하려면 반드시 (주)미래와경영의 동의를 얻어야 합니다.
잘못 만들어진 책은 구입하신 서점에서 교환해 드립니다.